变革的HR

从外到内的HR新模式

[美]
戴维·尤里奇（Dave Ulrich）
贾斯汀·艾伦（Justin Allen）
韦恩·布罗克班克（Wayne Brockbank）　著
乔恩·扬格（Jon Younger）
马克·尼曼（Mark Nyman）

朱翔　蒋雪燕　陈瑞丽　等译

HR TRANSFORMATION
BUILDING HUMAN RESOURCES FROM THE OUTSIDE IN

机械工业出版社
CHINA MACHINE PRESS

图书在版编目（CIP）数据

变革的 HR：从外到内的 HR 新模式 /（美）戴维·尤里奇（Dave Ulrich）等著；朱翔等译 . —北京：机械工业出版社，2020.1（2024.4 重印）
书名原文：HR Transformation: Building Human Resources from the Outside In
ISBN 978-7-111-63985-5

I. 变… II. ①戴… ②朱… III. 企业管理 – 人力资源管理 IV. F272.92

中国版本图书馆 CIP 数据核字（2020）第 063518 号

北京市版权局著作权合同登记　图字：01-2019-4367 号。

Dave Ulrich, Justin Allen, Wayne Brockbank, Jon Younger, Mark Nyman. HR Transformation: Building Human Resources from the Outside In.
ISBN 978-0-07-163870-8
Copyright © 2009 by The RBL Institute.

All Rights reserved. No part of this publication may be reproduced or transmitted in any form or by any means, electronic or mechanical, including without limitation photocopying, recording, taping, or any database, information or retrieval system, without the prior written permission of the publisher.

This edition is authorized for sale in the Chinese mainland (excluding Hong Kong SAR, Macao SAR and Taiwan).

Simple Chinese translation copyright © 2020 by China Machine Press. All rights reserved.

版权所有。未经出版人事先书面许可，对本出版物的任何部分不得以任何方式或途径复制或传播，包括但不限于复印、录制、录音，或通过任何数据库、信息或可检索的系统。

此中文简体翻译版本经授权仅限在中国大陆地区（不包括香港、澳门特别行政区及台湾地区）销售。

变革的 HR：从外到内的 HR 新模式

出版发行：机械工业出版社（北京市西城区百万庄大街 22 号　邮政编码：100037）
责任编辑：岳晓月　　　　　　　　　　　　责任校对：殷　虹
印　　刷：固安县铭成印刷有限公司　　　　版　　次：2024 年 4 月第 1 版第 4 次印刷
开　　本：170mm×240mm　1/16　　　　 印　　张：13.5
书　　号：ISBN 978-7-111-63985-5　　　　定　　价：59.00 元

客服电话：(010) 88361066　68326294

版权所有·侵权必究
封底无防伪标均为盗版

赞誉

HR Transformation

本书是任何想要成功提升组织整体业绩的 HR 经理的必读书目，我要向全球的 HR 专业人员和企业领导者强力推荐此书。

——威廉·艾伦，丹麦马士基集团 HR 高级副总裁

要打造理想的企业，阅读本书就是你理想的开端。本书提出了公司 HR 管理工作的棘手问题，对业务管理者、股东、客户开展工作有重要意义。读者将能够清楚地理解 HR 转型的理由、方式和具体内容。

——理查德·贝尔德，普华永道美国和
全球人事咨询和变革业务负责人

他们已经成功开展 HR 的战略转型了，你还等什么！很多企业的 HR 部门需要转型，却苦于不知从何下手。本书是你的指南，它可以为你答疑解惑，指明转型原理，详述转型方法。读懂由本书只是第一步，以它为指导去实践才是硬道理！

——理查德·贝蒂，美国罗格斯大学人力资源教授，
《重新定义人才》(*The Differentiated Workforce*) 作者

本书是所有想要为企业创造更大价值的 HR 团队的必读书目。

——鲍勃·布洛斯，贺曼集团 HR 执行副总裁

本书是帮助领导者理顺未来 HR 管理工作的指南，书中提出的建议全面且符合企业当下实际。

——约翰·布德罗，USC 马歇尔商学院教授，
《超越人力资源管理》(*Beyond HR*) 作者

本书物超所值的两个重磅理由：第一，总结了最重要的 HR 思想和 HR 变革的核心原理；第二，展现了具体开展 HR 战略重构的实例，说明了变革过程中提倡的做法和应规避的禁忌。

——雷吉·布尔，韩国 LG 集团前首席人力资源官

戴维·尤里奇和他的同事们在过去 20 多年里，从根本上改变了人们在复杂的商业环境里进行 HR 管理工作的理论和实践办法，这对建设持久、具有竞争力的组织有着格外重要的意义。

——拉尔夫·克里斯坦森，《HR 战略管理指南》
(*Roadmap to Strategic HR*) 作者

本书贴近实际、思想深刻、旁征博引，为当今最严峻的问题提出了宝贵的见解。该问题是：如何在动荡的年代里，卓有成效地利用人才创造最大的价值。在急于淘汰弱者的经济环境中，HR 领导者错过了本书，就等于错过了成功的机会。

——比尔·康纳狄，康纳狄咨询有限责任公司

本书让人称快。作者为我们指明了 HR 管理工作未来的方向，用直白的语言来说明最伟大的思想。本书能指导你正确地把握 HR 转型的方向，这些思想在未来相当长的时间里都适用。

——戴维·克里尔曼，克里尔曼研究中心 CEO

本书在一开篇就指出：HR专业人员面临的最大挑战是"推动企业走向成功"。坦白说，大多数领导者不重视HR管理工作。倘若HR管理工作毫无起色，领导者也不值得去关注它。

——雅克·菲茨-恩兹，人力资本资源公司CEO，
《人力资本的投资回报率》(*The ROI of Human Capital*) 作者

本书集知识、经验、研究和智慧于一体，是不可多得的理论著作和实践指南。书中的四个案例丰富了HR转型的内容，提升了本书的实用价值。

——弗雷德·福克斯，波士顿大学HR政策研究所主任

HR战略重构具有深远的意义。为什么？究竟什么是HR变革？如何进行变革？本书就这些问题给出了权威的、基于实践总结的答案。在经济迅速发展、变幻莫测的时代，本书是所有企业管理者事业成功的必备书目！

——哈尔·格雷格森，欧洲工商管理学院领导学教授，
《从"一"开始》(*It Starts with One*) 作者

任何想要推动企业价值增长、为企业发展做出贡献的HR领导者都必须阅读本书。本书是你全面开展组织变革的实践指南，综合了理论、实践和应用方法。书中建议一切要以行动为向导，这很值得我们效仿！

——琳达·赫拉瓦克，美国律商联讯集团HR高级副总裁

好的商业著作能给予你启迪，伟大的著作将告诉你如何做。本书将批判性思想和实用性工具相结合，提出了开展HR"我们到底该做什么"。它指出HR要从企业发展的根本——业务开始。

——尼克·霍利，亨利商学院卓越HR管理中心主任

假如世界上绝大部分HR高层岗位的候选人都知道如何去实现本书阐述的HR部门的职能，我的工作就会简单多了。谢天谢地，越来越多的

HR 领导者明白了其中的道理。

——哈罗德·约翰逊，光辉国际客户开发总经理

五位杰出的作者花了大量的时间阐明本书提出的问题，一起和企业 HR 人员合作收集了大量反馈信息。本书包含优秀的案例，便于读者在实践中应用，是难得的 HR 转型指南。

——贝弗莉·凯，客户满意度指数创始人，
《留住好员工》（*Love'Em or Lose'Em*）作者

当下正是 HR 专业人员帮助企业领导者取得成功的最佳时机。本书面面俱到、与时俱进，书中有关 HR 转型的创新方法能帮助企业妥善实施战略重构。

——斯蒂芬·凯利，霍美思集团 HR 总监

本书从根本上改变了人们对 HR 管理工作的角色、目标及其存在理由的看法。以前人的研究成果为基础，作者提出了开展 HR 转型、为利益相关者创造最大价值的宝贵实践建议。

——史蒂夫·克尔，高盛投资公司和通用电气公司首席法务官、
《不加薪也能激励员工》作者

本书是所有 HR 专业人员的必读书目。HR 转型的核心不是提升 HR 管理工作的效果，而是打造企业的成功，这是本书的基调，也是所有 HR 管理者面临的挑战。书中提出的问题为 HR 职能部门敲响了警钟。

——鲍勃·兰迪斯，玛氏巧克力人事组织部高级副总裁

本书为我们开展 HR 转型指明了道路。书中的案例分析非常有用，让人明白该怎么做。

——爱德华·E. 劳勒，《实现卓越的人力资源管理》
（*Achieving Excellence in Human Resources Management*）作者

在我们所处的混沌世界里,本书的出现恰逢其时。HR 正被要求以前所未有的方式为企业做出贡献,而 RBL 集团为我们提供了一个经过验证的、可行的指导。

——基思·劳伦斯,宝洁公司 HR 经理

本书是 21 世纪 HR 领导力的独一无二的指导。HR 转型表明了 HR 帮助企业成功的方法:综合积极的愿景和实用的工具,真正提高整个 HR 的行业标准。

——约翰·林奇,通用电气 HR 高级副总裁

本书开启了真正变革 HR 行业的神奇之旅。面对日益复杂的经营环境,本书强调了将 HR 转型与部门经理、客户和投资者联系起来的重要意义。

——托尼·麦卡锡,英国航空公司人事组织效率主管

每个行业里都是由 20% 的人完成了将近 80% 最伟大的事业。阅读本书能帮助你跻身 HR 行业前 20% 的精英之列。

——黛比·麦格拉思,HR.com 网站 CEO

本书阐明了 HR 转型的真正含义。其核心思想是:HR 转型是为了企业的发展。对于希望利用 HR 管理工作取得企业发展和成功的人来说,本书是最佳入门读物。

——保罗·麦金农,花旗集团人力资源部主管

本书大大丰富了 HR 理论,提升了 HR 部门整体工作的效率。它为重新构建 HR 部门提供了详尽的指导,引导我们思考 HR 管理者的角色、任务以及 HR 转型的原因。这是所有 HR 从业人员的必读书目。

——希瑟·迈尔斯,西太平洋银行集团人事总经理

本书见解独特、非常实用,是所有希望能从公司对 HR 的投资中得到

最大有形业务成果的人员进行 HR 战略重构的指导书。我本人也会为诺基亚公司的 HR 团队买上几本。

——霍尔斯坦·莫尔克，诺基亚 HR 执行副总裁

戴维·尤里奇是领导 HR 人员思考、行动，为企业创造更多价值的先驱者。他和他的同事们为我们提供了 HR 战略重构的蓝图。

——莫希特·纳格拉思，宝洁公司全球人力资源官

动荡的经济时代要求我们更加关注 HR 管理工作的成效。对整个行业有清醒的认识，使我们关注重点、与时俱进，又不至于犯一叶障目的错误，这是未来几年实现卓越的企业管理的关键。

——桑娜·尤尔·尼尔森，丹麦技术研究院董事总经理

人品表率、遵守承诺和具有能力的领导者才能发动转型变革。本书充分证明了这一点，并强调 HR 转型能否成功主要是由形成竞争力的企业战略来决定的。

——K.拉姆库玛尔，孟买印度工业信贷投资银行执行董事

本书是引领领导者探索 HR 战略重构的上乘之作。书中包含了一目了然的模型、直白的案例分析，以及在实际 HR 管理工作中应用的方法。评论界呼吁进行 HR 转型已有多年，但本书首度说明了 HR 战略重构的内容、方式和主体。

——南希·里尔登，金宝汤公司高级副总裁、首席人力资源官和联络官

本书是所有寻求提高 HR 效率和贡献的 HR 领导者或企业 CEO 的指南。书中界定了组织独特的标识和能力，说明了利用 HR 的潜能不断提升企业绩效的方法。

——苏西·罗宾逊，DHL 供应链英国北爱尔兰、
EEMEA 和欧洲地区 HR 高级副总裁

本书明确了 HR 面临的挑战，并为人们应对这些挑战提出了实践的方法。为了给企业创造价值并使其取得成功，HR 的工作必须和企业战略保持一致。这听起来很容易，但是很多 HR 专业人员觉得做到这一点很难。

——尼尔·罗登，苏格兰皇家银行集团 HR 总监

这是一本让 HR 专业人员、教育者和企业领导者受益无穷的管理佳作。大家要审慎对待其中的内容。不了解 HR 战略重构，就等于是 HR 的门外汉。

——朱迪·罗森布鲁姆，杜克企业教育学院创始人

本书是全球 HR 专业人员和业务管理者的行动指南。书中的实践建议和工具将帮助领导者评估自己利用组织最重要的资产——HR 的实际情况。

——马特·斯凯勒，第一资本金融公司首席人力资源官

本书不仅是一本 HR 的入门读物，更是主动改变 HR 职能 DNA、使命的宣言，能提高 HR 创造价值的能力。本书的出现非常及时，所有 HR 高管都值得一读。

——丹尼斯·舒勒，沃尔特·迪士尼公司执行副总裁、
首席人力资源官

本书阐明的实践知识，HR 专业人员可以立即投入使用。鉴于 HR 战略管理的重要意义，本书的切题角度恰如其分。书中所述的信息具有现实意义，能应用于多个行业。

——吉尔·斯玛特，埃森哲咨询公司 HR 主管

本书的作者妙笔生花，寓理于事，提出案例，认为应将 HR 部门从行政管理部门分离出来，转变为战略执行者。建议所有管理者都读一读。

——马克·R.托马斯，大巴尔的摩医疗中心
人力资源和组织发展部副总裁

正当我们大家以为摸到了HR管理的门路时，本书让我们意识到还要攀登更高的山峰，并为我们指明了上山的路标。本书不仅有丰富的理论，还提供了在现实中经过实践证明的开展HR转型的步骤。

——迪恩·韦瑟福特，阿布扎比投资局顾问

戴维·尤里奇和他的同事们已经在HR胜任力方面开展了大量的研究，和许多企业的HR部门合作，指导HR战略重构的实施。他们是世界范围内HR转型研究的开拓者。本书正是他们智慧和经验的体现，值得一读。

——帕特里克·M.赖特，康奈尔大学J. Conatr GE战略人力资源教授

作者们太有才了，所言句句在理。本书是HR和企业领导者在新兴经济体制中管理人才、推动企业飞速发展的必读书目。

——杨国安，中欧国际商学院副院长

目录

HR Transformation

赞誉

推荐序一

推荐序二

前言

致谢

第一篇　HR 转型操作指南

第 1 章　HR 转型简介 / 2

第 2 章　实施 HR 转型的原因 / 12

第 3 章　HR 转型的成果 / 29

第 4 章　重新设计 HR 部门 / 47

第 5 章　HR 转型的方法 / 68

第 6 章　提升 HR 专业人员的胜任力 / 87

第 7 章　HR 转型的共同责任 / 109

第 8 章　启动 HR 转型 / 126

第二篇　HR 转型案例研究

第 9 章　伟创力：从零做起，构建战略型 HR 组织　/ 146

第 10 章　辉瑞：做小、创优、提速　/ 156

第 11 章　英特尔：策略性向战略性 HR 的转型　/ 171

第 12 章　武田制药北美公司：在快速发展的子公司里创造能力　/ 182

参考文献⊖

⊖ 查看本书的参考文献，请登录 www.cmpreading.com。

推荐序一

HR Transformation

戴维·尤里奇（Dave Ulrich）被誉为现代人力资源管理之父，是最早推动"战略人力资源"概念的关键人物。我与戴维相识多年，戴维是我在美国密歇根大学攻读博士研究生时候的导师，也是我多年以来的良师益友。这些年，我们在不同的组织和活动中一起合作，他对于我来说亦师亦友。2019年，我们有幸一起再次合写一本新书 Reinventing the Organization，该书将由美国哈佛商学院出版社在9月全球发行，值得期待！

戴维在人力资源领域开展了大量的理论研究，也产生了很多极具影响力的作品，而令我印象最深刻的则是他所提出的研究理论背后所遵循的规律和特点。

首先，一切以最终创造价值为依归。戴维在做所有理论研究的时候都在思考一个永恒不变的问题，那就是"人力资源如何为企业创造真正的价值"。这不是传统思维中人力资源从业人员如何提高专业技能，如何深谙招聘、薪酬、培训和组织发展等实践，而是人力资源部如何作为战略性角色，进入公司高层决策团队，参与战略决策的制定，切实帮助公司高层领导者建设组织能力、有效管理团队、实现商业目标，进而为公司股东、客户、员工以及社会创造更大的价值。

其次，戴维所有的著作都是具备前瞻性的。近 20 年来，戴维基于扎实的研究和咨询实践，紧跟趋势发展，为当下人力资源和组织领域提出了最前沿、最具创新性的观点。他以理念引领 HR 转型，将 HR 转型的浪潮分为了四个阶段：从 1.0 版本一直发展到了 4.0 版本"由外而内重建 HR"。同时，戴维一直以来持续关注 HR 胜任力的演变发展和未来趋势，对人力资源部和人力资源专业人士不断地提出更高、更新的定位和要求，从而提升人力资源在业界的专业度和影响力。

再次，戴维的管理理论一直都非常强调实用性。无法落地的理论研究是没有价值的。这个实用性体现在他提出的理论框架一般都会辅以全球范围内的最佳实践案例来配合阐述。戴维既有理论研究的高度，同时又能兼顾方法工具的实操性。一般采用"理念－案例－工具"的实用手法，戴维会给 HR 人员提供操作指南，比如一些自我审视的方法工具，帮助管理者通过自我审视来不断地提升组织和人才的专业度。

最后，戴维最突出的过人之处是能够把复杂理论和现象简单化。大道至简，伟大的思想都简单而通用。在这个充满不确定性的 VUCA 时代，他能够在瞬息万变、错综复杂的商业管理情景中快速而精准地抓到核心要点，并以深入浅出、清晰明了的沟通方式让大众快速理解并最终付诸实践。企业界的管理问题往往是千头万绪和错综复杂的，他能够如此抽丝剥茧、切中要害，将复杂理论简单化，对于企业家的管理决策落地是非常有效的。

喜闻戴维将在 2019 年在国内出版三本系列中文书，我很乐意受邀为新书写序。在过去的 30 多年里，我的研究和咨询工作一直围绕"组织能力"展开，不论时代如何更迭变迁，企业持续成功的秘诀离不开组织能力的打造。戴维在新书里很好地阐述了为什么组织至关重要，组织超越个体人才的价值所在。《赢在组织：从人才争夺到组织发展》一书基于对人力资源30年共7轮的研究以及面对全球超过3万份人力资源从业者的调研结果，得出组织的竞争优势大于局部个人的总和。由于专业性、信息成本优化、互补性、心理满足感以及创造和善用才能等因素，组织以整合和互补的特性创造出了企业独特的竞争优势。同时，本书还提出了高效的人力资源部应当将外部信息引入组织内部，并提供整合的解决方案，如此才能帮助企业更好地赢得竞争。另外，本书也从个人层面提出了人力资源专业人士应当具备的核心胜任力——矛盾疏导者、值得信赖的行动派、战略定位者、文化变革倡导者以及技术和媒体整合者，让大家能够更加清晰地认识新时代下自身的角色、定位和使命。

《变革的HR：从外到内的HR新模式》很好地解答了"人力资源部如何才能真正创造价值"。真正的战略性业务伙伴，必须从"管理和专业视角"转变为"业务和经营视角"。业务和经营挑战，才是人力资源工作的真正起点。在过去的半个世纪里，戴维经历并见证了人力资源不同的发展阶段以及专业HR角色的演化、发展和转型，这也充分体现了戴维在研究领域的战略前瞻和与时俱进。

《高绩效的HR：未来的HR转型》则提出了下一代HR真正必须要做的是创造和交付业务层面的价值。高绩效HR不仅仅需要具备HR的专业功底，更重要的是还能深度探讨企业运营所处的商业环境、利益相关者的期望以及经营战略。戴维所进行的人力资源胜任力研究是基于全球最大的HR专业人士胜任力数据库，历时25年的实证研究所得出的结论。他认为，高绩效HR需要以由外而内的方式来思考和行动，所以他给未来的HR提出了一个更高的期望和要求，成为"战略定位的核心参与者"，掌握四个阶段（理解业务基础、贡献并参与构建战略、与外部利益相关者保持一致、预测外部趋势），做好三种角色（讲故事的人、解读战略的人和推动战略的人），从而帮助组织赢取未来。

  我个人极力推荐中国的企业家、企业高管、人力资源专业人士以及对企业管理感兴趣的人，系统深入地阅读戴维的这一系列的中文新书。相信这些书能够帮助中国企业重塑人力资源在 VUCA 时代的使命和价值，通过不断地自我审视、自我提升，让我们的企业实现卓越发展、基业长青！

杨国安（Arthur Yeung）

2019 年 2 月 4 日于香港

推荐序二

HR Transformation

HR 如何在打造有生命力的组织中发挥关键作用

30 年致力于研究伟大公司的吉姆·柯林斯在《基业长青》一书中写道："伟大公司的创办人通常都是制造时钟的人，而不是报时的人。他们主要致力于建立一个时钟，而不只是找对时机，用一种高瞻远瞩的产品打入市场；他们并非致力于高瞻远瞩领袖的人格特质，而是致力于构建高瞻远瞩公司的组织特质，他们最伟大的创造物是公司本身及其代表的一切。"今天的中国，越来越多的企业家认识到自己要成为"造钟"的人，而非"报时"的钟，所谓"造钟"就是打造从优秀到卓越、基业长青的组织能力。

由技术和全球化驱动的颠覆性巨变，使得改革开放 40 多年的短缺经济带来的机会驱动增长的时代已经远去，企业家既面临商业环境的巨大动荡和颠覆带来的外在挑战，又面临人才争夺和组织建设的内部挑战，很多企业家感到刻骨铭心的"本领恐慌"，但不知道症结何在，以及如何下手？据《中国证券报》统计，2014年上市公司董事长辞职人数共计189人，到了2015年该数据大幅飙升至479人，2016年增至548人，2017年达561人，2018年上市公司频繁"换帅"的情况延续，达到创纪录的604人，以A股3584家公司估算，2018年平均每6家上市公司就有1名董事长离职，董事长的任期越来越短。这从一个侧面反映了商业巨变带给企业家和组织的不适应，工业化时代的经营管理模式已经不能适应数字时代的竞争。

美团网的创始人王兴是互联网圈出了名的战略家，信奉"企业成功 = 战略思维 × 组织能力"，他提出在移动互联时代做企业，就是要实现从"登山到航海"，这是两种不同的思维模式和经营模式。他在2018年春节给全体员工的信中说："我们要通过苦练基本功，把它内化成我们组织的能力。把基本功练扎实，我们就能赢99%的事情。"实际上，过去20年，华为、阿里巴巴、腾讯等优秀企业正是这个公式活学活用的成功典范，尤其是组织能力建设成为它们长期制胜的关键法宝。

在这个公式中，"战略思维"是组织前进的导航仪，在未知和动荡的世界中不断寻觅正确的方向、目标和机会；"组织能力"是人才、文化、制度和流程的有机融合，是实现众志成城，建立"宗教般"的组织文化，持续敏捷进化，适应新的环境和挑战，打赢一场又一场新战役的强大载体。在这两个关键要素中，从根本来说，组织能力更加基础和重要。一个组织就像一支球队，教练制定战略和目标，球员专业勤勉、奋勇拼搏，教练可以引进，团队却必须自己打造！

戴维·尤里奇是密歇根大学商学院的著名教授、全球最具影响力的人力资源大师，也是组织能力建设的大师，他是杨国安教授的恩师和好友，杨国安教授指导了腾讯公司的组织能力建设，出版了《组织能力的杨三角》等畅销书，产生了广泛的影响力。本次机械工业出版社华章公司集结出版尤里奇教授的三部HR著作：《赢在组织：从人才争夺到组织发展》《变革的 HR：从外到内的 HR 新模式》《高绩效的 HR：未来的 HR 转型》。这三本书将非常有助于我们深入了解组织能力建设的国际前沿研究，帮助 HR 明确自身的角色和胜任力标准，获得最佳实践的工具和方法，加速中国企业的组织能力建设步伐。尤其值得关注的是《赢在组织：从人才争夺到组织发展》，它提出了一个核心问题，就是组织要从"人才争夺"转到"组织发展"，要从"资源要素"的获得转向"组织能力"的建设。

对于 HR 胜任力和组织能力的极大兴趣与关注，源自我两次当面聆听尤里奇教授的讲座，这也给我研究创业企业核心能力的博士论文的写作带来极大的帮助。第一次是在 2007 年 1 月 18 日，他来到清华大学经管学院做了一天的关于第五轮"HR 胜任力"调研成果的报告，我作为清华大学经管高管培训中心负责人组织了本次活动。那一天，杨国安教授也专程从上海飞过来参加，300 多位中外优秀企业的人力资源负责人参加了论坛，尤里奇教授介绍的"成功 HR 的六项胜任力"更新了大家对于 HR 胜任力的认识。第二次是 2013 年 12 月 12 日在上海中欧国际工商管理学院，他讲授的"转型时期的领导力挑战和人才战略"，介绍的"领导力密码：卓越领导者 NDA"和"最新人才公式（人才 = 胜任力 × 承诺度 × 贡献度）"，引起了大家的高度共鸣。

在此，我谈三点个人体会，与大家共勉。

一是这三本书都是基于尤里奇教授 30 多年的 HR 胜任力实证研究，方法科学、逻辑严密、样本广泛，结论具有极强的信服力。这项始于 1987 年的 7 轮全球最大规模的人力资源专业人士和部门的全面测评，运用"360 度反馈方法"来克服 HR 自身评判的偏见，仅第 7 轮的研究，就有将近 4000 名人力资源专业人士提供了关于个人能力的自陈资料，大约有 28 000 名人力资源领域的内外人员提供了 360 度反馈的信息，这些问卷结果十分有助于识别个体的 HR 胜任力如何为不同的利益相关者创造价值。研究发现：组织的影响力是个人的 3～4 倍（即整体大于局部），这个发现直接引出了本书的书名。

二是尤里奇教授作为人力资源大师对 HR 胜任力和 HR 体系的阐述大道至简、深入浅出、逻辑清晰、全面系统，不仅能让 HR 专业人士，而且能让一般员工也看明白。例如，在研究中，很多当时的新话题现在已经成为人力资源的基础部分（比如业务伙伴、战略人力资源、人力资源战略、人力资源转化和人力资源附加值）；在人力资源胜任力的 9 个领域（或因素），他又将这 9 个领域归纳到 3 个大类中：核心胜任力、战略推动力和战术支持要素。这些分析和梳理，思路清晰、图示明确，非常便于理解、记忆和应用。

三是科学地澄清了组织能力的概念，以及 HR 在组织能力建设中的胜任力和关键角色。尤里奇认为，"在达成战略目标为利益相关者创造价值的过程中，组织所擅长的方方面面可以称为能力，它包括组织如何通过整合了的基础流程、结构、激励机制、技能、培训和信息流来组合员工的集体智慧和行动""人力资源至关重要，是因为它不仅仅关乎人力资源，而且关乎业务。进一步说，业务并不是我们今天做什么，而是我们如何准备明天。为明天做准备需要理解环境、流程、利益相关者以及个人影响。通过管理这些力量，组织才能更有竞争力，而有竞争力的组织是人力资源工作的结果"。人力资源部的使命应该是创造人才、领导力和组织能力，以提升业务业绩表现；当人力资源部能够像一个整体组织运作时，它能对业务结果产生大约 4 倍于人力资源专业人员个人的影响力。

阅读尤里奇教授的书籍和听他的讲座，都有一种热情温暖、大道至简、醍醐灌顶、知行合一的感受。他不仅仅是一位研究高深学术的处在象牙塔中的教授，更是长年不遗余力地在全球企业一线推动 HR 转型实践的大师，是全球 HR 的精神领袖和思想导师。

战略可以"借脑"，组织能力却必须"内生"。一个卓越的企业是一支大军、一所大学、一个大家庭在做一件"大事"！"十年树木，百年树人"，建设组织能力就像建"长城"，需要有大局观和长远的眼光，要有决心、慧心、恒心、信心，如此才能打造出持续绽放的有生命力的美好组织！

徐中
清华大学管理学博士，
领导力学者，领越®领导力高级认证导师

前言
HR Transformation

请不要再用过去的眼光来看待今日的"人力资源管理",因为标准早已提高。

在过去的半个世纪里,HR专业人员的工作已发生了很大变化:从与员工确定劳动合同条款的劳资关系管理人员,到深谙招聘、薪酬、培训、组织发展等HR实践的人事专家,再到为业务战略提供强力支持的业务合作伙伴,他们的工作重心发生了重大的转移。我们有幸能亲历这个转型阶段,并且在一定程度上影响了这一转型进程。20世纪90年代,我们撰写了《人力资源转型》(*Human Resource Champions*),书中我们建议HR专业人员要更加关注结果(产出),而不是仅仅关注具体的活动;同时我们界定了体现HR工作结果的四大角色:效率专家、员工支持者、战略合作伙伴和变革推动者。在我们的《人力资源管理价值新主张》(*HR Value Proposition*)一书中,我们继续发展了这些观点,提出HR工作要专注于"创造价值"——为组织内部的员工和业务管理者以及组织外部的客户和投资者等利益相关者创造价值。在《HR胜任力》(*HR Competencies*)一书中,我们在详细调查的基础上,整理出HR人员所需的胜任力项。在撰写这些书籍及数十篇文章、举办成百上千个研讨会的过程中,我们确信HR是具有战略性的角色,这一角色的战略意义并不局限于HR能够进入企业的高级决策团队，参与战略决策，更为重要的是，HR 能够切实帮助企业领导者更有效地管理人才，解决组织问题，进而帮助组织实现业务目标。只有当 HR 专业人员帮助公司领导者为投资者、客户和所在社区实现价值贡献的时候，HR 专业人员才算真正创造了价值。

当前，经济形势变幻莫测，全球化趋势日渐明显，技术日新月异，市场竞争日益激烈，客户和人口特征不断变化，各种压力来袭，企业挑战层出不穷、纷繁复杂。面对如此情境，企业领导者努力寻求创新来实现短期与长期的成本管理和业绩增长，实现有效的本地管理和全球管理。HR 人员要想帮助企业领导者实现这些需求的话，就必须改变自己的工作方式。这种根本性的变革必须改变 HR 部门的组织架构，形成人力资源服务中心、专业解决方案中心、业务合作伙伴；HR 实践的设计和整合必须与业务发展的要求相匹配；必须为 HR 人员提供条件，使他们具备为组织创造更多价值的能力。在不确定性日益突出的经济环境中，HR 的转型变革势在必行。

RBL 研究院

在思考和论述这些问题并提供与之相关咨询服务的过程中，我们从睿智而又不乏创新精神的 HR 领导者身上学到了很多。在我们的咨询公司 RBL 集团（RBL Group）创立 RBL 研究院后，这种学习机制就固化下来了。RBL 研究院致力于帮助会员公司的 HR 高管提升战略性人力资源管理的水平，为企业创造更多价值。我们和顶级的 HR 管理者和思想先锋定期开展互动性智库会议，探讨新兴的 HR 理论和实践方法，确保理论成果的转化，使很多企业不断受益于我们提出的有意义且具有持久效用的建议和观点。在采访全球各地最有资历的 HR 高管的过程中，我们构建了解决当下棘手问题、确定最佳 HR 实践平台的新逻辑框架。通过发布白皮书，我们逐渐形成了一套自己的想法，其中绝大多数成了本书的理论基础。由此，我们为会员公司提供了很多HR转型的工具、流程指导和培训服务，帮助它们克服日常实践的障碍，走出误区，也因此在商界实战中证明了我们的理论。全球各大知名公司的思想领袖用他们的创新和实践的新理念指导着我们，我们深感荣幸。能与各国资深的HR高管合作，我们备受其益。通过与全球著名公司和思想家的合作和对话，我们得以撰写一系列围绕HR行业及其关键问题的著作，包括HR实践的衡量标准、人才管理、组织重构等。

本书汇集了我们与HR高管的讨论、我们自身多年的深入研究以及实战经历，以期阐述HR如何转型这一重要问题。以学术理论为基础，以实证研究为支撑，我们与有关人士展开了多次意义非凡的探讨和咨询。本书正是我们新观点的见证，也是带领你进行HR转型的行动指南。

对HR未来的展望

作为HR行业殷切的观察者，我们对未来充满信心和期望，本书为实现我们的期望提供了路径。本书中，我们提出了企业领导者必须重视HR工作的原因，并阐明了HR如何将组织内部的HR实践与组织外部的客户、投资者和社区领袖的要求相关联的具体方法。如何定义HR的工作成果是否优秀，我们依据的是"组织能力"而非HR"活动"本身。本书为HR部门或职能的重构、HR实践的变革和HR专业人员的转型提供了操作指南，而这些指南，是对HR行业的重新建构与升级。为了实现前文所提的"HR转型"，我们还对业务管理者、HR专业人员、普通员工和咨询顾问等角色分别提出了明确要求。

虽然本书内容不足以涵盖所有问题的答案，我们也知道聪明的读者会有不同的方法解决问题，但是我们相信多种见解的提出，一定能充实现行的HR理论体系。当下各个组织正在面临前所未有的商业剧变，我们能够预见，HR的转型将会使HR职能继续在组织的发展过程中发挥核心的作用。我们呼吁各位专家和领导能够推动 HR 有效转型。希望本书能够持续帮助 HR 成为助力战略实现不可或缺的重要因素。

戴维·尤里奇

贾斯汀·艾伦

韦恩·布罗克班克

乔恩·扬格

马克·尼曼

致谢　HR Transformation

本书能够完成和出版，要靠很多人的帮助。从最初理念的形成到最终完稿，帮助过我们的人不胜枚举。首先要感谢奋战在各个企业一线的 HR 人员以及参加我们测试、改善理念研讨会的所有人员。

感谢 RBL 研究院成员的支持、合作，他们提出了很多独到的见解。特别感谢这本书的四位合著者，并将这份感谢献给研究院。在我们的智囊团会议和迷你论坛上，积极发言、主动交流的每一个人，从他们提出的问题和分享的 HR 管理经验中，我们学到了很多。我们很荣幸能向顶级公司的思想领袖学习，他们不吝赐教，和大家分享了他们创立并实践新观点的过程。

感谢希拉里·鲍尔斯（Hilary Powers），她是和蔼可亲的"神笔"编辑。

感谢麦格劳－希尔集团（McGraw-Hill），我们合作愉快，尤其要感谢对我们给予诸多帮助的米歇尔·韦尔斯（Michele Wells）。

感谢帮我们传播思想的 HR 同行，他们是迪克·贝蒂（Dick Beatty）、迈克尔·比尔（Michael Beer）、约翰·布德罗（John Boudreau）、彼得·卡佩利（Peter Cappelli）、韦恩·卡西欧（Wayne Cascio）、拉姆·查兰（Ram Charan）、李·戴尔（Lee Dyer）、鲍勃·艾兴格（Bob Eichinger）、

雅克·菲茨-恩兹（Jac Fitz-enz）、弗雷德·福克斯（Fred Foulkes）、鲍勃·甘多西（Bob Gandossy）、杰伊·加尔布雷思（Jay Galbaith）、马歇尔·戈德史密斯（Marshall Goldsmith）、鲍里斯·格罗斯伯格（Boris Groysberg）、琳达·格拉顿（Lynda Gratton）、马克·休斯里德（Mark Huselid）、比尔·乔伊斯（Bill Joyce）、汤姆·科汉（Tom Kochan）、史蒂夫·克尔（Steve Kerr）、戴尔·雷克（Dale Lake）、爱德华·劳勒（Ed Lawler）、迈克·洛西（Mike Losey）、苏·梅森格（Sue Meisinger）、亨利·明茨伯格（Henry Mintzberg）、杰弗瑞·普费弗（Jefferey Pfeffer）、邦纳·里奇（Bonner Ritchie）、利比·萨廷（Libby Sartain）、沃伦·威廉（Warren Wilhelm）和帕特里克·赖特（Patrick Wright）。

此外，我们很荣幸能够与RBL集团合作（www.rbl.net）。RBL集团是我们的赞助商，对在全球各地各大企业推广如何应用本书的理念做出了巨大贡献。我们尤其要感谢总经理诺姆·斯莫尔伍德（Norm Smallwood），他们一直指引着我们朝着正确的方向前进。当然还要感谢我们在RBL研究院的同仁，没有他们的帮助和支持，本书不可能如期完成。他们是艾伦·弗里德（Allan Freed）、邦纳·里奇、戴维·汉娜（Dave Hanna）、戴维·吉利兰（David Gilliland）、黛比·阿什比（Debbie Ashby）、艾琳·伯恩斯（Erin Burns）、欧内斯托·厄舍（Ernesto Usher）、吉恩·道尔顿（Gene Dalton）、金杰·比特（Ginger Bitter）、朱迪·西格米勒（Judy Seegmiller）、贾斯汀·布里顿（Justin Britton）、凯特·斯威特曼（Kate Sweetman）、凯勒恩·阿索普（Kaylene Allsop）、卢克·埃尔斯沃斯（Luke Ellsworth）、梅根·平格利（Meggan Pingree）、梅兰妮·尤里奇（Melanie Ulrich）、奈特·汤普森（Nate Thompson）、保罗·汤普森（Paul Thompson）、莱恩·卢斯瓦利德（Ryan Lusvarid）、斯科特·哈珀（Scott Harper）、特里西娅·斯莫尔伍德（Tricia Smallwood）和维斯·哈克特（Wes Hackett）。

最后,我要感谢我的家人。他们的支持和包容永远是我前进的动力。他们是温迪·尤里奇(Wendy Ulrich)、艾米丽·艾伦(Emily Allen)、南希·布罗克班克(Nancy Brockbank)、卡洛琳·扬格(Carolyn Younger)和莎莉·尼曼(Shari Nyman)。

我们希望本书所述的理论和案例能帮助企业领导提升管理的水平,为组织创造更大的价值。

1

HR TRANSFORMATION

第一篇

HR 转型操作指南

第 1 章

HR 转型简介

数年前,我们和几十位 HR 高管和学界同仁坐在一起谈论:企业所处的商业环境持续变化、充满挑战,在这种情况下,企业对 HR 部门的工作要求已经高于以往,HR 部门应该如何应对?很多 HR 高管描述了他们曾面临的商业挑战,以及他们是如何转变工作方式以应对那些挑战的。学者则埋头辛苦地构建理论,研究这些 HR 高管所描述的崭新的业务过程。那时我们就意识到,在聆听他们感想的时候,从某种程度上我们也是直接或间接地参与了他们所在的企业、所在的行业正在进行的 HR 转型。在这其中的很多实际案例中,我们收获了关于 HR 高管在企业发展过程中是如何贡献价值这方面的第一手资料,也帮助他们探索 HR 转型的方法,以满足企业对 HR 工作不断提高的期望。我们和他们一起学习成长,明白什么可行,什么不可行。简而言之,我们有幸与他们合作,共同探讨和发展 HR 转型的理论,理顺其内在的逻辑和流程。

本书从何处来

本书总结概括了我们所学习到的 HR 转型的经验和教训。我们的经验并非闭门造车,而是在与那些兼具缜密思维与创新理念的 HR 高管的合作中所收获的。他们带领 HR 团队取得了非常有意义的进步,从而在支持企业业务发展方面做出了很大的贡献。我们从那些成功实现 HR 转型的公司中学习成功之道，转型已经为这些企业的长远发展创造了价值；同时，我们也会从失败的案例中学习，即使没能取得预期成果，也可以从中获取教训。本书探讨了 HR 转型的经验和教训，从理论（包括理念、原理和方法论）和实践（工具、过程和行动）两个方面阐述如何顺利进行 HR 转型。转型理论来自社会学、心理学、人类学、组织发展、系统论、高绩效团队和经济学等领域中有关变革的文献著作。这些学科向人们说明了实现大规模变革和个人变革的方式。当我们在几十个组织中应用这些理念后，就总结出了关于 HR 转型的理论和实践。没有理论支撑的实践只是个体特例的汇集，难以持续有效。因此，我们希望通过理论和实践的结合，帮助 HR 转型取得成效并持续发展。

本书面向的读者

HR 专业人员：本书所展示的观点和案例主要针对 HR 专业人员。为确保 HR 的实践和功效能够匹配，并进一步驱动企业经营目标的实现，HR 高管担负着日益艰巨的责任。为了履行 HR 领导的职责，他们需要积极参与企业的战略制定过程，由此设定 HR 转型的方向，确定聚焦于 HR 管理成果的流程，吸引员工积极参与执行，确保 HR 转型顺利启动，并且能够持续。HR 专业人员需要知道 HR 转型有什么原则，那些总是抱怨无法和高层领导沟通的 HR 专业人员永远不会取得成功。相反，那些懂得并积极应用本书提出的转型原则的 HR 专业人员，则能为企业的发展创造更多的价值，并得到更好的职业发展。

业务管理者：本书的第二大读者群是业务管理者。越来越多的一线管理人员开始意识到人才、组织能力发展、战略执行和领导力等因素已经成为他们业务成功的关键因素，这些管理者希望 HR 能对以上问题提供有益的建议及实践方法。倘若业务管理者能够理解 HR 转型的原则，他们就能更有信心地认识到 HR 对企业成功具有非常重要的作用，也能帮助他们实现自己的业绩目标。

职能部门人员：本书的第三大读者群是职能部门的专业人员及领导者，包括 IT 部门、财务部、法务部等。这些部门和 HR 部门面临同样的挑战，即如何为企业创造价值。研究表明，HR 转型原则很容易应用于这些职能部门，帮助这些部门在流程与实践上进行成功转型，最终实现帮助企业在日益复杂的经营环境中顺利应对各种挑战的目标。

本书的独特视角

成功的 HR 转型能够提升"人力资源"为企业创造的价值。这句话平淡无奇，但也正揭示了并非所有的变革都能获得成功。我们在举办 HR 专业人员转型工作坊时，常以这个问题开始："你目前工作中面临的最大挑战是什么？"得到的回答可以归结为几个方面：提升 HR 工作成果（比如人才招聘、领导力培训、建立激励机制）、涉及业务领导者的问题（比如在会上有发言权，获取领导者支持）、HR 工作日益强化的个人能力要求（比如时间管理、高强度任务管理）等。在大家纷纷认同这些 HR 专业人员所面对的无法避免的挑战后，我们特别指出，这些答案都是错误的。随后全场一片寂静。

简单来说，我们认为 HR 专业人员当今面临的最大挑战，是如何推动所在组织走向成功。

在企业里，"成功"通常意味着降低成本、提高市场份额、实现全球市场增长、开发新产品或服务等；在政府机构或非营利性组织中，"成功"则意味着提供优质服务，实现由外部环境决定的必须实现的目标，满足社会的需要，降低预算运营。我们认为，HR 专业人员往往过于关注 HR 在企业内部的职能，忽略了外部的客户和投资者对 HR 的期望。HR 专业人员要成为企业的业务合作伙伴，那么他们的工作目标就一定是企业的经营目标。这样的角色转换本身并不是HR转型的目的或终点，它其实是建立以业务为导向的战略性人力资源管理的一种方式。诚然，HR的各种实践是很重要的，但为了强调我们的观点，我们提出"过分关注HR本身事务性工作的行为是错误的"。

我们要强调的是：HR的工作起点应该是外部，要从外到内地开展HR工作。我们要重视管理举措，但我们要更加重视的是这些举措的成果。因此，我们会对那些叙述自己工作中面临的最大挑战的人们提出一个要求，要求他们在后面加上三个字——"目的是"（so that）。这就是要使人们的关注点从"我们做什么"转移到"我们的成果是什么"，从HR的管理活动本身转移到这些活动对企业创造的价值上来。

同理，HR转型开始前，一定要明白企业所处的商业环境。商业环境为我们开展HR转型提供了基本的依据。最基本的供给需求逻辑说明，**如果产品或服务的需求为零，那么它的供给量再多，其价值仍为零**。如果HR部门在企业内部所做的事情不能为企业外部的利益相关者创造价值，不能提高企业吸引、服务、留住消费者和投资者的能力，那么也就失去其存在的意义了——价值为零。

明白这个道理具有深刻的现实意义。例如，许多HR领导者在启动HR转型工作时会召开全体会议，共享HR部门新的目标和愿景。我们强烈建议在这样的会议上，大家首先对企业的业务展开详细的讨论。例如，有一家航空公司，其新任的HR领导在会议开始后，用了两个小时讨论汽油成本、载客率、客户满意度指标、监管政策的变化、设备折旧和竞争性定位等问题。我们当时就坐在会议室的后排，在这位HR领导讲的过程中，我们就听到有不少HR专业人员在下面窃窃私语："什么时候才开始谈HR管理？"实际上，这位HR领导正是在通过聚焦业务需求来确定HR转型的议程。不论是在月度员工会议上，还是在绩效评估或是闲谈中，如果我们能从讨论业务开始，那就可以传递这样一个信息：HR转型的目的不是关于如何做 HR 的，而是关于如何实现企业成功的。

HR 转型常见的陷阱

如果以企业成功为核心，那么在开始 HR 转型之时就更容易发现我们常犯的错误和易入的陷阱。

- **不明所以，盲目行动**。有些企业启动了 HR 转型，但都是围绕 HR 本身的工作，比如搭建 e-HR 体系、重构 HR 部门、制定新的 HR 措施等。他们认为如此一来，就完成了 HR 转型。但是我们说，如果这些行为没有和企业的商业模式联系起来，脱离了企业所处的业务环境，那么它们就算不上 HR 转型，也不可能持续。HR 转型一定要植根于业务发展的需求。
- **孤岛 HR，脱离业务**。有一个我们曾合作过的企业，其 HR 领导者在 7 月排出时间表来制定 HR 战略，内容包括 HR 部门当前的工作重点以及未来的工作计划。为什么在 7 月做 HR 战略呢？一方面，因为这个月是一年中 HR 部门工作相对轻松的时间；另一方面，业务管理者们是在秋季开始制定企业下一年度的业务规划。很明显，两个部门的工作之间没有联系起来，结果可想而知。当 HR 战略和业务战略相脱离时，本该相互支撑的两个部门却各自为政，企业运营不可能长久。HR 转型一定要与企业转型联系起来，要着眼于为企业创造价值，脱离业务、单纯优化 HR 部门的工作是没有太大价值的。
- **零敲碎打，缺乏整合**。有些企业设计了创新性的人才管理、绩效管理、全面薪酬管理体系等，然后宣称这就是 HR 转型。其实，零散的优化措施只能算是 HR 转型的一部分。HR 的各项实践要想提供持久价值，就需要围绕企业的关键经营目标进行整合。
- **满足"个人"愿望，轻视企业需求**。有些企业启动 HR 转型工作，仅仅是因为某位领导的一时兴起，或者是因为某些人想要取得个人政绩或者扩大职能影响力。这些从个人角度出发的举措算不上"转型"。HR 转型必须和组织总体的成功相关联，它绝不是管理者个人争取美好前程的工具。

- **将"架构调整"视为转型第一要务，却忽略了转型本身对业务战略的实际贡献。** 偶尔也会有这种情况，HR 部门认为重建 HR 部门的组织架构就是 HR 转型的精髓，他们可能花费了大量的时间建立共享服务中心、成立 HR 专家团队或者雇用一批 HRBP（HR 业务合作伙伴），然后对外宣称他们已完成了 HR 转型。但我们认为，只有当 HR 转型的成果切实有助于业务战略的实施落地、真正能驱动业务目标达成之时，才算完成。
- **将"效率"等同于"转型"。** 我们发现越来越多的 HR 部门认为"效率改善"就是"HR 转型"。例如，一家大型的全球制药公司最近宣布新建立了共享服务中心，这一中心的组建表明它们已完成 HR 转型；另一家顶级的消费品公司将它们推出的自助服务描述为它们的 HR 转型。效率改善可以成为 HR 转型的关键要素（通常情况下它也确实是），但只有效率的提高，还不足以促成转型成功。

上述错误，我们称之为"转型病毒"，因为它们具有传染性，会阻碍转型实施。不过不要担心，当发现这些病毒时，你有办法对付它们。

工具 1-1　转型病毒名单

在管理变革的过程中，我们确定了 30 余种常见"病毒"——变革未能按预期推进的常见原因。请下载有关"转型病毒"的完整名单，了解更多的病毒克星。

详情请登录网站 www.TransformHR.com。

HR 转型的定义

真正的 HR 转型是聚焦业务的,其内容是整合一体、相互匹配且具有创新性的。通过 HR 转型,重新定义组织内部 HR 的工作方式,由此来帮助组织实现对客户、投资者和其他利益相关者的承诺。要实现 HR 成功转型,就必须清晰了解进行"转型"的根本原因。这些原因应该是源自企业外部的,但事实上,"转型"更多的是由内部原因推动的(比如,因为某位高层领导者对 HR 的制度、部门结构或者对 HR 人员有很多不满)。

HR 转型的"四阶段"模型

HR 转型分为四个阶段,它们共同作用确保 HR 工作能推动业务成功,并避免转型中的常见错误。这一模型(见图 1-1)定位了 HR 转型所涉及的四个简单问题。

图 1-1　HR 转型的"四阶段"模型

- 第一阶段:确定业务问题,为转型立项(为什么要转型)。HR 转型的工作要从理解"为什么要转型"开始。第 2 章从了解总体的商业环境和特定利益相关者期望等方面，详述了这个问题。

- 第二阶段：界定成果（HR 转型的成果是什么）。这一阶段要澄清 HR 转型的预期成果：HR 转型开始后，将会发生什么？第 3 章回答了这一问题，确定了 HR 转型的成果就是提升企业的组织能力以及增加无形资产，后者是投资者投资企业时最看重的因素之一。
- 第三阶段：重新设计 HR 体系（如何开展 HR 转型）。HR 转型要求围绕 HR 部门、HR 实践和 HR 人员来改变 HR 战略。第 4 ~ 6 章着重阐述了对 HR 部门、HR 实践和 HR 人员的变革方式。
- 第四阶段：促使业务管理者和其他员工积极参与（参与 HR 转型的主体有哪些）。HR 转型要求很多人参与界定转型内容、参与转型实施过程。第 7 章阐述了参与 HR 转型的主体，集中阐述了如何使业务管理者承担起相应的责任，以及如何提升 HR 的能力，以建立变革的长效机制的相关策略。

最后，在第 8 章，我们总结了 HR 转型时每个阶段的里程碑，包括成果与相应的活动，这些活动有助于 HR 转型的成功实施。

上述各个阶段，理论上是按序进行的，但在现实中它们往往是交叉进行的。例如，制定转型框架需要了解关于商业环境的知识（第一阶段），但启动 HR 转型的关键却是要拥有合适的 HR 转型团队（第四阶段）。HR 转型团队的建立是整个过程的关键。

在实际应用中，上述模型要依据企业的具体情况进行调整，不能照搬照用。我们认为上述四个步骤提出的问题都很重要，应该按照对你的组织有实际意义的方式进行考量。不管模型来源，盲目采用模型是很危险的。这个模型也许来自某个成功的竞争者，也许是学者理论研究的成果，还有可能是顾问提出的典型，不加以分析和判断直接应用有可能适得其反。如何按照企业的实际情况定制符合自身条件的模型？如何找到适合组织的 HR 转型方式？本书提出了一些实施的建议。为了使 HR 转型切实有效，你需要彻底分析各个 HR 转型的要素，提出符合组织实际情况的操作步骤。书中第 8 章提出了实施 HR 转型的具体步骤。

为了清楚地阐明 HR 转型的原则和工具，本书分为两篇：第一篇提出了 HR 转型的"四阶段"模型，阐述了如何设计和实施 HR 转型；第二篇阐述了四个最近开展 HR 转型的企业案例，说明了如何整合不同的 HR 转型要素，实现对组织发展有利的变革结果。第 9 章讲述的是伟创力（Flextronics）的 HR 转型；第 10 章讨论了辉瑞（Pfizer）做小、创优、提速的经验；第 11 章阐明了英特尔（Intel）由策略性 HR 向战略性 HR 转型的过程；第 12 章记叙了武田制药（Takeda）着力发展子公司，从而带来新的契机。感谢这些公司毫无保留地和我们分享它们的经验和知识。

我们希望读者能通过这些案例明白在实践中应用本书第一篇提出的 HR 转型理论与步骤，在组织内实现 HR 转型的预期成果。

HR 转型的工具

编写本书过程中，我们借鉴了许多书目和文章，这对我们重新架构 HR 转型的框架有很大帮助。最后，本书能够出版，还要感谢参与本书创作的所有合作者，本书成功的背后有他们的付出和努力。

工具 1-2　HR 转型模型概览

请观看戴维·尤里奇介绍 HR 转型模型的视频。他总结了现实中企业如何按模型步骤进行 HR 转型的实例。

详情请登录网站 www.TransformHR.com。

第一阶段

商业环境

第 2 章

实施 HR 转型的原因

一旦人们了解了实施变革的原因,就更容易接受这个变革。从有学究气的认知心理学家到受欢迎的励志大师,各个行业的变革管理专家都会强调这一原则。它不仅适用于个人变化的领域(如健身、减肥、情绪管理),在 HR 转型变革中也同样适用。比如,就个人变化而言,当我们明白个人的行为非改不可的原因时,我们就更有可能改变自己的行为。引申到 HR 转型中,企业的商业环境是 HR 转型的根本原因所在,因此只有将 HR 转型的必要性与商业环境联系起来,才能针对实际的需求开展变革,而这样的变革才能更持久。这就意味着要把 HR 的工作与业务战略以及影响战略制定的环境因素直接联系起来。

因此,我们从评估企业的商业环境与利益相关者的期望开始。在正式讨论这一话题前,首先要确定组织是否做好了开展 HR 转型的准备。请先回答下列问题,完成企业 HR 转型准备度的摸底评估。

> **工具 2-1　HR 战略评估**
>
> 下列描述是否符合你所在组织的实际情况?
>
> ① = 完全不符合　③ = 有时候符合　⑤ = 完全符合
>
> 下列描述是否符合你所在组织的实际情况?

第一阶段：实施 HR 转型的原因（第 2 章）

1. 所有 HR 人员都非常了解企业的业务、竞争对手的情况以及外部的商业环境。

① ② ③ ④ ⑤

2. 我们是根据外部利益相关者（客户、投资者和监管者等）对企业发展的期望，采取由外而内的方式来确定 HR 工作的重点。

① ② ③ ④ ⑤

第二阶段：界定 HR 转型的成果（第 3 章）

3. 组织清楚地界定了确保战略实施所需要的组织能力。

① ② ③ ④ ⑤

4. HR 领导者的关注重点是企业的经营业绩（通过构建组织能力来实现），而非 HR 的具体活动。

① ② ③ ④ ⑤

5. HR 对投资者所关注的无形资产和客户所关注的品牌和声誉做出了显著的贡献。

① ② ③ ④ ⑤

第三阶段（3.1）：HR 部门的组织设计（第 4 章）

6. 全体 HR 人员都能理解公司的 HR 战略，能够清楚地说明他们各自的工作与 HR 战略之间的关联。

① ② ③ ④ ⑤

7. HR 部门能够清晰区分事务性和战略性的 HR 工作。

① ② ③ ④ ⑤

8. 公司的 HR 部门能够根据公司发展的要求来设置部门规模（包括人员编制与成本）。

① ② ③ ④ ⑤

第三阶段(3.2): HR 制度流程的设计(第 5 章)

9. 公司拥有很强的人才管理、绩效管理、信息管理和工作流程管理机制,这些机制都是与公司的战略目标紧密相关的。

① ② ③ ④ ⑤

10. HR 的各项流程是有效整合的。例如,人才管理的措施有相应薪酬制度的支持。

① ② ③ ④ ⑤

11. 总体而言,HR 流程与企业的经营战略能够保持一致。

① ② ③ ④ ⑤

第三阶段(3.3): 提升 HR 专业人员的胜任力(第 6 章)

12. 我们明确界定了与企业成功直接相关的 HR 的胜任力、角色和活动等方面的要求。

① ② ③ ④ ⑤

13. 企业经营目标的实现需要 HR 专业人员具备相应的胜任力,在根据企业经营的要求来评估 HR 专业人员的胜任力这一方面,我们做得很好。

① ② ③ ④ ⑤

14. 我们对 HR 专业人员不吝投资,因为我们能够将人才发展方面的投资与企业的经营业绩挂钩。

① ② ③ ④ ⑤

第四阶段: 促使各业务管理者和其他员工积极参与(第 7 章)

15. 员工管理和组织发展方面的举措由业务管理者领导、HR 部门提供支持。

① ② ③ ④ ⑤

16. HR 能够有意识地收集信息,加强对客户的洞察力,确保组织设计方案能有助于实现公司对客户的承诺。

① ② ③ ④ ⑤

17. HR 领导者能够理解投资者需求，会要求 HR 举措能够符合"为投资者创造价值"这一要求。

① ② ③ ④ ⑤

假如您的分数高于 80 分，您已经在很大程度上完成了 HR 转型。祝贺您！本书可以帮助您找到更多持续改善的方法。

假如您的分数在 50～80 分，您有很大的机会通过 HR 转型来提高 HR 对整个企业的贡献，只是转型工作必须要聚焦重点并妥善组织。本书可以帮助您制订并实施转型计划。

假如您的分数低于 50 分，您必须即刻着手考虑开展 HR 转型。本书可以帮助您制订并实施转型计划。

工具 2-2　HR 转型的准备工作

请观看乔恩·扬格的视频，视频中讲述了如何创建良好的组织环境，以利于成功启动 HR 转型；分享了为 HR 转型做好准备的最佳实践。在召开启动 HR 转型的大会上请全体成员观看该视频。

详情请登录网站 www.TransformHR.com。

工具 2-3　HR 转型的快速启动方法

请在启动 HR 转型项目时，上网下载相关的创意和方法。

详情请登录网站 www.TransformHR.com。

理解一般性商业环境和特定利益相关者的期望

我们坚决主张把 HR 工作与经营战略的实施联系起来，而且我们认为

HR领导者不仅要关注企业的经营战略，还要透过战略来了解企业所处的商业环境，理解形成这一战略的外部因素。战略如同一面镜子，通过它可以察看企业的投资策略。我们建议HR透过战略这面镜子来分析组织外部的客户和投资者，全面理解形成战略的影响因素。HR领导者需要深刻理解外部的商业环境，并将HR工作与其相关联，这不仅能让HR推动战略的实施，而且能让HR在制定战略的过程中成为关键角色。当HR聚焦于外部的商业环境时，他们就能避免一个常见的错误，即花很多工夫去实施以内部视角提出的想法和方案，这就像是为找问题而找问题，这种思路是本末倒置的。为了明确实施HR转型的原因，你需要理解企业所处的一般性商业环境和特定利益相关者的期望，由此确定是否有必要开展HR的转型。

一般性商业环境

大多数人对当今的商业环境都有一定的认识，尤其是当今世界面临着比几十年前更加恶劣的经济危机。跟周期性行业一样，商业环境中有一些因素具有不可避免地增长和衰退的周期特征；另外的一些因素则具有更加结构化的特征，并且随着全球化、技术革新、人口发展和政治局势等的变化而发生着根本变化。一般的经济趋势，如失业、通货膨胀、汇率、贸易差额、投资者信心和过度信贷，会导致行业的经济周期变化和结构性变化，而这两者都有可能影响HR投资和管理战略。

全球化使得整个世界"变平"了。地球村和新市场为企业发展提供了新的机遇和挑战。此时，成熟市场的商业环境不同于巴西、俄罗斯、印度、中国等发展中国家的市场的商业环境，与撒哈拉沙漠以南非洲地区、中东地区、东南亚和拉美地区等所谓的新兴市场的市场条件差异更大。这些不同类型市场的经济周期截然不同，大多数市场都在扩张，只有少数市场在收缩。商品采购、能源价格波动、贸易壁垒、汇率、关税和产品分销等方面都面临着全球化的问题。技术的进步提高了信息和商品的易得性（accessibility）、可见性（visibility）和连通性（connectivity）。互联网的发展也让世界变得更小，变化更快，信息更透明。知识的更新周期大大缩短，而技术的更新换代速度比这还快，只有知识更新周期的一半。人口特征发展的趋势要求企业的工作场所不仅能满足当前员工的需要，还要满足未来员工和客户的要求。创建能够融合不同性别、不同年代和不同种族的人群的工作场所，将有助于企业的生存和发展。政治局势的不稳定可能会使投资者对社会的稳定性缺少信心，进而阻碍他们前来投资。政局更迭不仅会影响消费者的信心，还会影响企业的机遇和挑战。

企业在制定和实施发展战略时，上述商业环境因素会对其产生间接影响，但这种影响却是不容忽视的。正如安妮塔·麦加恩（Anita McGahan）和迈克尔·波特（Michael Porter）所说，总体的商业环境要对组织的整体表现负一半的责任。这些条件虽然不受任何管理者的控制，但就是它们构成了业务开展的具体环境。

希望在企业发展战略的制定和实施过程中发挥积极作用的 HR 人员，应该定期观察这些经济趋势。要实施 HR 转型，不一定要成为经济学家、人口统计学家或政治家，但是通晓这些领域的知识是很重要的。仅读读手中的报纸，查查网上的消息，看看电视新闻，不足以掌握时下的商业环境。要认真研究消费者群体的行为及他们购买商品的原因、投资者投资或者不投资的原因，明确市场的运作机制、关键市场的人口统计学特征、企业所面对的技术力量的变化，以及可能影响企业前途的政治变化等。因此，与公司内部的专家交谈，提出有探索性的问题，阅读有助于你理解当前商业环境的文章和著作，参加相关问题的研讨会都很有必要。我们建议 HR 人员每周花一两个小时查阅信息，基于互联网做一些基础的研究，以了解那些影响经济与自己所在行业发展的主要变化因素。

除了研究和自己学习外，我们还发现，倾向于转型的 HR 部门善于创造条件，如提供工具与流程，让整个 HR 部门与基础商业环境保持联系。例如，在第 1 章中，我们提到某家全球性航空公司的 HR 领导会花时间与整个 HR 团队探讨航空业的发展趋势。凯洛格公司（Kellogg）的 HR 部门每季度召开一次全球 HR 领导团队会议，回顾基本业务的业绩和更广泛范围的市场行情。法国圣戈班公司亚太地区的 HR 团队，则会一起分享涵盖它所属市场区域的基本信息，从中国到澳大利亚。

特定利益相关者的期望

从更直接的角度来看，商业环境可以由企业的特定利益相关者来界定，因为这些利益相关者的要求是企业必须做出回应的。我们与 HR 团队进行交流时，我们经常会问："你们的客户是谁？"有 70%~80% 的人回答：企业的员工就是 HR 的客户，HR 工作的主要目的是提高员工的能力和对企业的认同度。虽然这样想不无道理，但并不完全正确。我们当然赞同"员工是 HR 工作的关键利益相关者"，但他们不是唯一的利益相关者。更加完整的 HR 的"客户模型"是由多元化的利益相关者组成的：在组织内部，有员工、部门经理；在组织外部，有客户、投资者、竞争者、全球供应商、监管者和社区。要想完全把握与业务发展和 HR 转型相关的商业环境，你就必须识别特定利益相关者的期望和变化。通过关键利益相关者的特定期望来看外部的商业环境，一般性商业环境就会更有针对性。

员工

对员工进行人口统计学特征分析，对工作有着重大的影响。员工的背景日益多样化，不仅种族、性别不同，个人偏好、全球化和本土化文化基础、认知方式、年龄和工作重心也不同。因此，在开展 HR 工作的时候，研究组织内部与外部的人口统计特征是至关重要的。从内部看，要建立分析模型来看员工的差异是否可以得到培育、促进或者进一步利用。还可以让你的经理提前做好准备：对于那些与自己差别较大的员工，鼓励他们提高业绩；引导他们与多元化的人群合作，因为大家都是为了企业的事业与个人的业绩而在一起奋斗。从外部看，研究人口发展趋势，可能影响企业未来人才的招聘。例如，为未来员工的教育质量进行投资，有可能是捐资当地教育机构，也有可能是为你所在企业的特定需求而进行投资，派送企业专有人才学习深造；探索人才替代渠道（例如，返聘退休人员，与国外的大学建立合作关系，使用技术手段从其他国家获得人才）；应对员工特征的变化，在企业内部建立相应的政策和实践（例如，帮助员工使用现代技术来完成工作，加强和朋友群体的联系）。

业务管理者

业务管理者的责任是确定并执行战略，最终要实现经营成果，他们构成了 HR 转型的关键利益群体。十几年前，HR 专业人员总是要求在企业制定关键决策时有话语权。如今，大多数称职的 HR 专业人员都有权参与业务讨论。在研讨会上，我们会提出这样的问题："如果你们提出要求，希望下周与总经理谈话 30 分钟，总经理会不会和你讨论？" 90% 的人给出了肯定的答复。

因此，HR 人员是有话语权的。那么，一个重要的问题就显露出来了：有了话语权，我们能做出什么贡献？

在业务讨论中，如果 HR 专业人员等着大家提出"HR 问题"（实现特定业务目标所需的人员数量和工种，薪酬制度的种类、优化的组织设计），他们很有可能空等一场，最终不欢而散。企业所有部门都希望能在开会的时候有自己的一席之地，只有那些能够创造价值的人才会受到与会者的欢迎。当前，业务管理者面临着日益增多的监管和巨大的压力，CEO 的任期也在不断缩短，HR 专业人员应该积极参与业务方面的讨论，而不仅仅限于"HR"的问题。这要求大家从业务管理者的角度看问题：业务管理者的职责是什么？绩效评价的标准是什么？首先要考虑哪些问题？哪些问题不太容易对付？作为 HR，预见并解决这些问题，你就能为企业创造价值。此外，有才干的 HR 专业人员能针对企业的发展战略提出自己的见解，并和业务管理者分享。

客户

当前，客户的细分程度在不断加深，他们对产品很懂行，因此对产品和服务的要求也就更高。有了更多的选择权后，他们对选择哪些企业作为合作伙伴更为挑剔。HR 的工作是确定企业的目标客户群，明确客户选择本企业的理由是什么，如何与客户建立并维持良好的关系，包括与以前的客户重建关系。只有那些花时间了解客户、与客户合作的 HR 专业人员，才能够真正明白 HR 实践与客户占有率之间有什么关联。我们建议：HR 人员每个季度花一天的时间和销售人员一起拜访客户。拜访客户时，HR 要集中精力观察自己能为客户创造怎样的价值，不能把双方的会面只当作谋求自身发展的机会。

在销售人员集中精力出售产品和提供服务时，HR 专业人员可以关注如何与客户建立关系。"HR"这一角色能向客户展示"本企业既有组织能力，也有相应的人才"，而这些是实现企业对客户的承诺的保障，由此，他们具有和客户建立长期关系的独特优势。如果客户知道企业能够根据他们的需求来招聘员工、开展培训、支付报酬、安排工作，他们就更有可能和企业建立长期的合作关系。所以，HR 专业人员应该积极分析市场数据以获取对客户的洞察，应该花时间与客户共处以了解特定的客户需求。如果 HR 人员能做好这些工作，他们就会明白如何将 HR 投资与客户需求进行关联了。

投资者

投资者除了重视财务报表外，还日益关注企业无形资产的价值。资本市场已经发生了很大的转变。对冲基金、主权财富基金或者其他主要的股东不再单纯关注资产负债表，企业的领导力水平和组织能力也能增强他们对投资的信心。HR 专业人员如果明白企业投资者的目标（关注规模增长还是关注价值增值，关注短期利益还是关注长期利益），就能更加审慎地制定 HR 政策，由此来提升投资者对企业未来发展的信心。无形资产是股东收益很重要的一部分，HR 专业人员对于如何定义并提升无形资产价值这样的问题应该持有自己的观点。HR 专业人员可以参与会议，了解投资者预期，而且可以向投资者介绍企业的优势，增进他们的投资信心。在《领导者如何创造价值》(*How Leaders Build Value*) 一书中我们认为，建设企业无形资产的关键环节包括：信守承诺，实施具有竞争力的战略，加强人才的核心胜任力，组织的核心能力与战略需要间的匹配度，等等。我们称之为"无形资产构建模型"，其中包含了 HR 专业人员应该掌握的四大无形资产影响因子——履行当前的职责、界定未来的战略、发展人员核心胜任力、构建组织能力。

竞争者

企业既要面对传统大型跨国集团的竞争，也要面对规模不大的创新企业那势不可挡的冲击。全球经济仍保持增长态势，但经济增长主要源于新兴市场。无论是当前的还是未来的竞争者，HR 都需要了解，而要做到这一点，就必须能够从全球化与本土化的角度对行业演变进行判断。定位当前和未来的竞争者，分析他们的优劣势，制定战略超越他们，在这种分析之下，HR 制定的政策才能打造出独一无二的组织。HR 专业人员还可以对照竞争对手在人才方面的组织能力、占领市场的速度、创新能力、客户服务、效率和管理方式的变化，来注意市场的危险信号，发现机遇。

全球供应商

企业的供应商可以成为企业的竞争利器或软肋。对供应商进行管理可以减少风险，保证业务的连续性。HR 可以让客户参与到人员配置、培训、定薪等的管理过程中，还可以用同样的方式来与供应商建立联系，由此保证运营的稳定。HR 专业人员应该在整体价值链的每个阶段评估并提升人才和组织的能力。

此外，在稳定关键资源的供应方面，HR 的视角可以帮助拓展更多的合作方式，比如上述让供应商介入人才管理过程的方式，可能有助于签订稳定且更经济实惠的供货合同。

监管机构

政府机构制定的政策可能有利于企业发展，也可能阻挠企业的前进。政府监管趋势由紧到松、然后又重新趋紧，这样的变换会如何影响企业的组织能力，这是 HR 需要明白的，这不仅关系到吸引人才的能力，也会影响企业在新市场的竞争力。监管层日益关注公司治理程序（比如《萨班斯－奥克斯利法案》），HR 高管可以积极参与并回应立法的规定。虽然本地和全球的行政法规数量还在不断增加，但我们也发现很多国家的贸易关税在不断下降，这使得全球竞争日益激烈，也凸显出在每个组织层面创建更有竞争力的企业文化的必要性。

社区

企业的信誉意义重大，因为企业的社会地位也是其"成功"的组成部分。人们越来越习惯用"三重底线"⊖（triple bottom line）来评判企业，人们希望企业在可持续发展领域进行投资，控制二氧化碳的排放量，希望企业参与慈善事业，回报其所在的社区，为当地人创造就业机会，制定关爱员工的政策。HR 专业人员在建立企业的社会责任实践体系方面可以成为牵头人，而这有助于为企业赢得声誉，提升组织吸引人才、客户和资本的能力。

应对利益相关者的方式

因为企业对每个利益相关者都有相应的定位，HR 专业人员应该据此建立具有长期竞争力的独特 HR 战略：明确谁是企业的利益相关者，倡导

⊖ 三重底线指经济底线、环境底线和社会底线，意即企业必须履行最基本的经济责任、环境责任和社会责任。——译者注

以恰当的方式对待他们，这将确保 HR 转型与关系到利益相关者的那些重要事项相匹配。HR 转型的目的是要确保利益相关者能从企业得到回报。明确 HR 转型和满足利益相关者需求之间的关系，有助于确立 HR 转型所要解决的业务问题。再次重申，HR 转型不单是 HR 专业范畴内的工作，它还关系到 HR 的行动将为关键利益相关者创造更大的价值。

上述一般性商业环境和特定利益相关者的要求共同影响着企业的战略，也是它们决定了我们为什么要开展 HR 转型。传统的 HR 工作一直是通过劳资关系管理来监控工作职责的完成，然后设计一套 HR 体系来决定企业中的员工待遇。在这种思想的指导下，HR 专业人员不太可能去系统地分析一般性商业环境和特定利益相关者的期望。但是，当今的和下一代的 HR 都需要具备设计并实施 HR 转型方案的能力，而这种转型会将 HR 的工作与企业战略相结合，从而在特定的商业环境中确立企业的地位。图 2-1 展示了我们建议的模型。

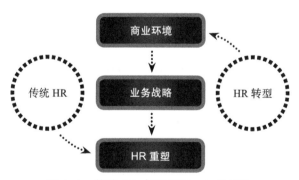

图 2-1　传统 HR 与转型后 HR 的对比

传统 HR 工作的起点是聚焦具体的 HR 问题，然后重新设计 HR 的职责或制度。HR 转型则要以对业务经营之处的商业环境的透彻理解为起点（一般性商业环境和特定利益相关者的期望两方面都需要掌握）。恰恰是这种商业环境提供了 HR 需要转型的根本原因。

> **工具 2-4　利益相关者分析**
>
> 确保从一开始就清楚利益相关者的期望和需求，而且它们需要贯穿 HR 转型的整个过程，需要体现在 HR 转型所涉及的各项工作中。请上网下载利益相关者分析工作表。要求整个团队填写此表，并对利益相关者的需要进行优先级排序。
>
> 详情请登录网站 www.TransformHR.com。

> **工具 2-5　外部环境**
>
> 了解外部环境的复杂性是确保 HR 转型可持续的关键。请观看韦恩·布罗克班克的视频，明确外部环境对成功开展 HR 转型的影响。
>
> 详情请登录网站 www.TransformHR.com。

确定 HR 转型的必要性

就像我们在第 1 章里讨论的那样，很多 HR 专业人员将自己面临的最大挑战定义为"更好地完成 HR 工作"。HR 专业人员经常认为工作中最大的难题是搜寻人才、改善绩效管理、制定薪酬制度、设计培训项目及其他的 HR 系统。我们认为，真正的 HR 转型应该从响应企业的一般性商业环境的变化、满足特定利益相关者的期望开始。当 HR 专业人员开始结合整体的商业环境来定义工作并由此思考工作成果时，他们就会改变与业务管理者的沟通内容，并更好地评判 HR 转型的必要性。

以商业环境和特定关键利益相关者的期望为导向开展 HR 工作，这种方法的成效在人们一开始提出 HR 转型的时候就会表现出来。在会议上，不管是业务管理者还是高级管理团队，总会提出这个问题：我们为什么要开展 HR 转型？上文曾经指出，大部分 HR 领导者会从内部视角来回答：建立更优的人才、薪酬、结构体系或沟通方式。现在将这些"成果"与商业环境联系起来，就能更加有力地支撑 HR 转型的理由。下列各例展示了开展 HR 转型所要解决的业务问题（即 HR 转型的原因）。

- **案例 1**：我们的竞争者从过去 3 年推出的产品中所获得的收入比我们多 30%，这是因为他们市盈率和市值都比我们高。我们认为，如果我们进行了 HR 转型，企业就能更快地引进人才，建设合适的组织来生产更有创新力的产品，在资本市场中建立更好的声誉。
- **案例 2**：我们看到未来的需求增长绝大多数来自新兴市场。我们预估，我们的产品在传统的北美市场和欧洲市场正在萎缩，而亚洲市场和中东的市场正在快速膨胀。因此，我们需要在人才管理、绩效管理和沟通机制方面对 HR 流程进行转型调整，以便使我们具备能力在这些市场上以比对手更快的速度前进。要知道，我们的竞争对手也能认识到这一趋势。在制定并实施我们的全球战略时，HR 转型会给我们带来先发制人的优势。
- **案例 3**：我们的客户基础变化巨大。我们曾经依靠持久的客户关系管理机制来确保回头客，后来我们发现客户在采购时往往以数据说话，对我们采用最严格的财务标准，在精确分析成本的基础上决定是否继续选我们作为供应商。中国和印度出现了诸多新企业，这些竞争者具有更强大的成本优势，我们需要进行 HR 转型来寻找提升劳动生产率的方法，同时，改变企业文化，迎接客户的挑战和竞争者的回应。
- **案例 4**：最新当选的政府很有可能会调整我们所在行业的管理规则，我们所能获得的研发补贴和税收减免都将缩水。我们需要让员工和组织提前做好准备，以应对这些变化。因此，我们需要变革 HR 管理的方式，以使其适应这些立法调整的趋势。
- **案例 5**：我们未来竞争所依赖的市场上的劳动力储备正在缩减，尤其是在一些专业化的岗位上，人才竞争更是达到了白热化程度。为了实施创新战略，我们必须在特定的目标领域里不断寻找顶级人才。我们发现，我们关键岗位上的顶级人才留任率低于我们的对手公司，这让我们处于风险之中。我们需要对 HR 制度进行转型，进而更高效地寻找、留住并利用人才。

- **案例 6**：员工队伍的年龄构成是一个值得关注的问题。由于历史原因，以往的雇用制度使得我们公司 40% 的高级技术和管理人才将在未来 5 年内退休。如果他们选择了退休，这将给公司造成很大的知识断层。我们需要围绕退休问题快速启动 HR 体系的转型工作，从而确保未来组织运行有必要的知识储备，也能适当进行员工调整，稳定团队。

- **案例 7**：过去的几年中，我们成长得很快，现有 70% 的员工入职时间不到 5 年。对公司的内在文化，现在对新员工不再具有潜移默化的作用了。虽然他们有着强大的技术优势，但是我们需要所有员工都能按照符合公司价值观的方式工作。HR 转型能帮助我们快速将公司的管理理念、文化传统传递给新员工，同时让这些新员工向公司老员工传授最新的技术，这可以帮助老员工发现新机会。我们不希望我们的人才因为年龄而被淘汰。

- **案例 8**：最近的竞标中，我们多次输给了对手。在分析原因时，我们意识到，我们回应客户的要求过晚，不能定制产品或服务，交易过程太过复杂，导致客户不愿与我们合作。我们认为，HR 转型能帮助我们精简机构、优化流程，提高招标中的成功率。

上述例证帮助很多 HR 人员走出自己传统的"舒适区"，开始转变。他们必须学着像业务领导者那样，理解、分析商业环境的变化，掌握总体经济状况、特定行业的发展趋势、客户和竞争者的动态、监管和技术环境等的变化。HR 转型是这些 HR 响应当前的及未来的业务问题的办法。他们需使用外界的有关数据，而不是用直觉来证明 HR 转型的必要性。他们需要和市场部、财务部和其他部门合作，以获取信息，这些信息会告诉他们为什么要开展 HR 转型。

此外，在确定 HR 转型的根本原因的同时，HR 专业人员要注意"不进行"HR 转型可能会带来的风险。倘若 HR 转型没有开展，企业应对一般性商业环境以及服务关键利益相关者的能力会受到什么影响？HR 专业人员还要辨别出 HR 转型是如何与企业其他管理体系相匹配的。以上这些意味着，确定 HR 转型所要应对的业务问题，是要中之要。

结论

对于有可能引致持续性转型的那些变化，我们要能提供开展 HR 转型的业务方面的理由，这也好证明企业对此的投入是值得的。我们认为，只要弄清楚，在当前的商业环境中，HR 转型能否满足企业相关利益相关者的期望，就能确定是否有必要开展 HR 转型，这比单纯地从企业内部找问题要客观得多。

工具 2-6　业务论证表

下载一份 HR 转型业务论证表。鼓励 HR 转型项目团队的每一位成员填写本表，然后召开会议，探讨是否有必要开展 HR 转型。

详情请登录网站 www.TransformHR.com。

工具 2-7　HR 转型必要性论证

观看贾斯汀·艾伦的视频，了解论证 HR 转型必要性的步骤。聆听他所描述的整个 HR 转型项目团队如何成功获得 HR 转型立项的例证，看看他们如何在全公司范围内向公司董事会、高层管理团队、HR 领导团队和 HR 专业人员阐明其必要性。

详情请登录网站 www.TransformHR.com。

第二阶段
成果产出

第 3 章

HR 转型的成果

　　HR 转型不是一个单一事件，它是一种新的思维和行为模式。正如第 2 章所讨论的，转型是为了适应一般性商业环境，并提升为特定利益相关者增加价值的能力。一旦企业领导认同 HR 转型，将帮助他们更好地应对业务挑战，他们必然就想知道如何衡量转型的影响。

　　针对这一问题的传统答案是：为各项 HR 实践的成果确定量化指标，然后衡量这些指标。比如：

- 我们招聘了多少人？
- 多大比例的低绩效人员被淘汰出组织？
- 过去一年中多少员工按照要求完成了 20 或 40 小时的培训时长指标？
- 组织实施了多少场宣讲会？

　　但是，只做这些是远远不够的。并非评估 HR 管理的具体活动不重要，而是还需要衡量这些活动的成果或价值。追踪具体活动不等同于追踪转型本身，也不等同于追踪其创造的价值增量。

　　我们的观点是，HR 转型应有两类成果。首先，在第 2 章所提及的

"利益相关者期望"应得到满足。HR 转型应在确定利益相关者所期望的成果方面发挥重要的作用。其次,HR 转型应该帮助提升组织能力,因此可以通过组织能力的提升来进行追踪。

利益相关者指标

我们在第 2 章中提出,确定组织环境某种程度上就是要定义企业内外所有利益相关者所需的价值,并向他们交付价值。利益相关者图谱能够帮助说明 HR 转型为什么是重要的,这也为评估转型成果提供了基础。在明确了 HR 活动与利益相关者所要求的价值之间的关联后,HR 需要提出清晰且简单的指标,以追踪关键利益相关者的收益有多大程度的提升。如果 HR 转型是成功的,那么可以也应该可以为每一个利益相关者都带来一定的成果。

在表 3-1 中,我们总结了一些这样的成果。在制订 HR 转型计划时,要选择你最关注的利益相关者,讨论和界定对于他们来说最重要的成果。这些成果应该被切实地定义、评估、实时追踪,以量化 HR 转型的进展。澄清利益相关者及其成果的过程,可以来自你的 HR 转型顾问团队,他们需要回答以下问题:

- "如果我们有 100 点要分配给可能的利益相关者——对业务未来成功最重要的利益相关者以及将从 HR 转型中获益的利益相关者,我们将各分配多少?"你的团队需要对此建立共识,明确哪些利益相关者(员工、业务管理者、客户、监管机构、投资者、社区)最为重要,以及哪些利益相关者受转型的影响最大。
- "对于最为重要的利益相关者,什么指标是可靠、准确、透明且易于收集的?"对每一个利益相关者,都应该选择两三个关键指标,以追踪转型进展。

- 为了界定当前情况及未来进展，应该如何收集数据？你需要建立一个体系化的流程来收集、共享并监控利益相关者指标的结果。这些信息将成为转型计分卡的一部分，帮助你监控进展。

表 3-1　HR 转型过程中主要利益相关者指标

利益相关者	候选指标
员工	• 对当前和未来的工作有更强的胜任力 • 更高的敬业度或认同度 • 更高的产能 • 更高的高潜力员工的留任率 • 将公司推荐给其他潜在员工的意愿度
领导者和领导层	• 储备人才指标（能胜任关键岗位的人才数量） • 能够向公司其他团队输出人才 • 能够开展组织诊断并识别关键能力 • 具有战略共识 • 帮助推动战略目标达成 • 展示出领导者所需能力，而且被同事认可（比如通过 360 度反馈）
客户	• 目标客户群中的更高份额（钱包占有率） • 客户调研中更高的企业忠诚度和满意度 • 与公司长期合作的更强的意愿度 • 将公司推荐给其他人的意愿度 • 在竞标中有更高的中标率
监管机构	• 相信公司在做正确的事情 • 在制定监管规则时给予公司参与的机会 • 认为公司遵守法律法规
分析师／投资者	• 更高的市盈率 • 相信公司的增长战略 • 对未来盈利能力有更强的信心 • 相信领导团队在战略、人才、客户和运营等方面能够制定出正确的决策
社区	• 被视为最佳雇主 • 承担保护环境的责任（比如减少碳排放量） • 在资金和时间方面回馈社区 • 鼓励员工安全的、积极的工作实践 • 建立起"是个工作的好地方"的良好声誉

只要你按照这些问题去思考和执行，你所服务的利益相关者看到相关成果时，你也就可以看到 HR 转型的影响。

能力指标

不仅利益相关者指标能够让他们追踪 HR 转型的成果，我们认为 HR 转型还应该改变企业的根本特征、文化或企业形象。我们将 HR 转型的这一成果称为"组织能力的界定和打造"。组织能力塑造企业在人们心中的模样。当我们与高管一起定义企业的未来时，我们会问他们一个简单的问题："你能说出一家你尊敬的公司吗？"受尊敬公司的清单差异很大，但是通常会包括以下知名公司：通用电气、苹果、迪士尼、谷歌或微软。接下来我们会问："你所尊敬的这家企业有多少管理层级？"几乎没人知道。

更重要的是，没人真正关心这些——我们不会因为一家公司的行业地位、规章制度、行为惯例等尊敬它。相反，我们尊敬通用电气，是因为它具有培养不同行业领导者这一能力；我们尊敬苹果，是因为它看上去能够持续地设计易用的产品；我们尊敬迪士尼，是因为我们体验到的非凡服务；我们尊敬谷歌和微软，是因为它们的创新以及主导行业发展的能力。换句话说，企业不是因它们的组织结构（structure）为人所知，而是因它们的独特能力（capability）为人所知。

组织能力代表了一个企业因何为人所知、擅长做什么，以及如何建构行为模式以提供价值。组织能力定义了投资者关注的很多无形资产，定义了客户关注的公司品牌，也定义了塑造员工行为的企业文化。组织能力也会成为一家企业的身份特征、HR 实践的成果体现，以及实施企业战略的关键。组织能力可以也应该通过衡量和追踪进行监控。

工具 3-1　HR 组织能力

观看戴维·尤里奇的视频，听他解释组织能力的重要性，以及为什么它们应该是 HR 的首要产出成果。

详情请登录网站 www.TransformHR.com。

> **工具 3-2　组织能力评估**
>
> 确保你的 HR 转型团队清楚企业所需要的组织能力。请参见 RBL 组织能力评估。
>
> 详情请登录网站 www.TransformHR.com。

世上并不存在所谓必需的或理想的"魔力"清单。不过，在管理水平良好的企业中，似乎都拥有以下组织能力及其衡量指标：人才、速度、共同的思维模式、问责制、协同、学习、领导力、客户联结、创新、战略一致性、精简化、社会责任、风险管理、效率。

人才

我们擅长：吸引、激励和保留有胜任力且对企业有认同感的员工。

人才保障不仅仅意味着做出"人才是我们最重要的资产"和"战略跟随人才"的姿态，还意味着要为保留顶级人才而投入时间和资源。员工必须既胜任又对企业有认同度。胜任的员工拥有满足当前及未来业务需求的能力。对企业有认同度的员工会经常应用这些能力。领导者可以评估组织在吸引和保留顶级人才方面表现如何，同时还要评估使用这些人才（以达成最佳绩效表现）的情况如何。要保障员工队伍的胜任力，领导者需要承担以下工作：购买（buy）——引入新的人才；培养（build）——开发现有的人才；借用（borrow）——通过联盟或合作获取行业或专业精英；淘汰（bounce）——解雇不良绩效的人员；保留（bind）——留住最好的人才。⊖

员工胜任度可以通过以下方式追踪：评估拥有当前及未来工作所需技能的员工占比，与竞争对手比较当前员工的情况，衡量员工的产能指标——单位人力的产出。有一家企业会追踪被猎头公司瞄准的员工的数量，将其视为一件好事，因为这代表企业拥有高潜人才的储备；另一家企

⊖ 此 5 项和"晋升"（bound）被作者称为"6B 工具"，详见第 5 章"工具 5-1"。——译者注

业则邀请投资者来访，并可以询问任何员工与企业战略、产品、财务状况相关的任何问题。这一业务素养测验让投资者印象深刻，他们可以第一手判断员工的胜任度。

要保障员工对企业的认同度，领导者需要建立这样的员工价值主张：企业保证贡献多的员工能获得更多回报，而且是他们自己最看重的回报。领导者可以通过顶级员工的保留率来追踪认同度（还应包括及时淘汰最低绩效的人员。我们通常认为，一个企业所能做出的最具战略性的 HR 决定，是把企业中绩效最差的人员配置给自己的竞争对手）。领导者可以经常开展阶段性员工意见调研，以此追踪认同度；也可以通过直接观察来追踪认同度，因为高管可以直观地感受到员工在工作中的投入程度。通过打造既有胜任力又对企业有认同感的员工队伍，领导者可以确保人才供应，帮助组织有持续优异的绩效。

速度

我们擅长：让重要的变革快速启动。

赢得速度能够使一家企业的变革能力从平庸之流跻身为快速、敏捷之列。"速度"意味着组织可以快速识别并进入新的市场，快速开发和交付新的产品和服务，快速与新员工确立合作关系，以及快速实施新的业务流程。领导者可以通过以下方式在组织中打造这一能力：集中精力迅速并严谨地进行决策，在组织内实施变革流程，消除变革的层级障碍，以及消除其他制约变革的因素。增强变革能力不是一蹴而就的，因为熵定律⊖的存在，变革一定会受到阻碍，但是当大企业能像小而灵敏的企业那样行动时，它们就已具备了"速度"。

"速度"可以通过多种方式追踪，而这些方式都关乎时间。时间，则

⊖ 熵定律指在一个封闭的系统里，能量总是从高的地方流向低的地方，系统从有序渐渐变成无序，系统的熵最终将达到最大值。这是一个不可逆的过程。——译者注

可从以下这些方面来衡量：一个创意从想法提出到真正实现销售所用时间，新产品从试制到正式下线所用时间，市场调研从启动客户数据收集到调研结束所用时间，产品从离开工厂到运送至销售终端所用时间，从小批量生产到实现大规模制造所用时间，一项管理变革从方案提出到实施落地所用时间，等等。正如存货周转率的提高意味着实物资产的利用效率得到了提升，通过加快"速度"节约时间，这不仅意味着企业能够在劳动生产率方面获得成本节约，也表明企业对于竞争中所闪现的机会的热情和响应能力都得到了增强。

共同的思维模式

我们擅长：保持组织在客户和员工心目中的积极形象，并使客户和员工从组织中获得良好的关系体验。

建立共同的思维模式或企业品牌一致性，是一项至关重要的组织能力。在我们看来，共同的思维模式代表了企业身份的一致性，即企业的外部形象（品牌、声誉）与企业内部的文化保持一致。这种"企业身份的一致性"来自员工对"企业是如何从单一产品品牌发展至企业品牌"这一历史的理解。比如，万豪国际酒店的名字能够增加价值，因为它让旅客对酒店的服务质量有信心；通用电气在其拥有的多元化的产品线和服务中都强调"梦想启动未来"。对于那些想要把自己同奥林匹克传统的正面形象关联起来的企业，"成为奥林匹克品牌合作伙伴"这件事本身就具有数百万美元的价值。领导者能够识别和塑造共同的思维模式或企业品牌，其方式是让管理层研讨"企业未来因什么而被最佳客户众所周知"并形成共识。一旦就这一身份认知达成共识，领导者即可采取一系列行动，使员工和客户对这一身份有真切的感受。

"共同的思维模式"可通过一个简单的练习来评估。询问你的团队如下问题："我们希望最佳客户未来因为哪三点记住我们？"收集他们的反馈，通过这些反馈中一致度最高的那三点所占比重来评估共识度。这一测试我们做过数百次，发现多数企业"共同的思维模式"的一致性在50%～60%。但是，领先企业的得分通常在80%～90%，这说明它们清楚地知道自己最想因什么而被客户所知。练习的下一步是邀请关键客户回答同样的问题，这将让你掌握内外部的认知在多大程度上是一致的，因为它提供了清晰的文化价值指标。

问责制

　　我们擅长：制定有助于催生高绩效的规则。

　　有些企业已形成问责制的传统。它们的员工认为，目标未达成是不可接受的。当员工都认识到他们必须达成绩效目标时，绩效问责制就成为一项组织能力了。当战略被转化为可衡量的绩效标准，而且员工所能获得的回报与这些可衡量的绩效标准相关联时，问责制就产生了。其实，只要厘清了员工回报、绩效评价和业务战略之间的关系，自然就会运用问责制这一方式。这也意味着，领导者在审视员工的绩效评价表之前，对于"员工正要努力达成的战略是什么""员工需要采取哪些行动来完成这一战略"这些问题早已了然于胸。奖励——无论是物质形式还是非物质形式的——都会强化战略，并且让员工获得清晰、明确且具体的绩效反馈。

　　"问责制"的水平可以受控。当你审视绩效评价表时，你应该能够看到它背后的商业战略。评价表中的指标能够反映战略吗？每年有多大比例的员工真正参与评价并获得反馈？基于员工绩效，他们的报酬会有多大变化？有些企业说它们有按绩效付薪的理念，但是全体员工的年涨薪幅度都在3.5%～4.5%。它们声称自己有问责制文化，但实际上并非如此。想一下，有多少比例的员工认为他们在过去一年中获得了切实有效的绩效反馈？又有多少比例的员工认为他们薪酬的一部分是跟个人或团队绩效相关联的？

协同

我们擅长：协同团队开展工作，确保效率并提升成果产出。

整体应大于部分之和。对于某些组织来说，如果它们的各分支机构在运营和法律层面保持独立，会比在一起统一运营有更高的估值。这些组织通常不认为"协同"是一项组织能力。当整合的组织通过在服务、技术、销售体系等各方面的共享，或者通过规模经济提高了运营效率时，"协同"便产生了。"协同"还会在其他情况下产生，使得组织整体可以获得比各分支独立完成的成果之和更多。例如，组织能够实现跨领域的学习和创意共享时，组织能够集中力量对关键领域进行资源的开发、配置和支持保障时，组织能够制定出充分利用组织所有产品和客户的战略时。领导者可以帮助组织打造协同能力，方法是在整个组织内寻求效率，同时也寻求协同的反馈回路。

"协同"能力可以在组织机构和团队两个层级上进行追踪。在组织层级，你可以计算企业的分拆价值，并与当前企业的市场价值做比较。通常情况下，如果企业的分拆价值比其当前的市场价值高25%以上，那么"协同"并未发生。在组织内部的团队层级，可以在组织内部监控人才和创意的跨边界流动情况，由此来追踪"协同"状态。人才在团队间有流动吗？企业的某个分支机制开发出的创意或实践，能够在另一个分支机构得到应用吗？另外，也可以通过共享服务所节约的行政管理成本来评估协同能力。例如，共享服务可以减少15%~25%的员工行政管理成本。大型企业平均每人花费约1600美元行政费用，这样共享服务可能节省的费用为：1600美元 × 0.2（成本节约）× 员工数量。

学习

我们擅长：产生有影响力的创意并在组织内进行推广。

学习包括两个独立但同等重要的步骤：产生新创意；在组织内推广（分享）这些新创意。新创意的产生来自：标杆学习（看别人做了什么，并因之而变）、实验（尝试新的事物，看它们是否以及如何行得通）、能力获得（雇用或培养具有新的技能和创意的人才）、持续改善（基于建议体系和流程分析）。推广创意意味着创意要跨越时间（从一位领导者传至下一位领导者需要时间）、跨越层级（从组织的某个层级至另一个层级）、跨越空间（从一个地方到另一个地方）或跨越部门（从一个业务单元到另一个业务单元）进行传播。跨越边界共享创意可以通过技术、创建实践社区或人员流动来实现。对于那些鼓励个体和团队学习的领导者，也可借助这些实践来推动组织学习。

"学习"可以在个人和组织两个层面进行追踪。对个人来说，学习意味着放弃旧的做法，采纳或调整为新的做法。你可以这样询问员工：你当前工作的知识半衰期是多长时间？什么时候你所具备的知识储备将有一半过时？你对企业的个人价值，有多大比例是来自你去年产生的创意？企业有多少人正在使用你所提供的创意？这些问题可探究员工在多大程度上愿意在工作中产生和推广创意。对组织来说，组织中的学习能力可以在持续改善中显现：我们有没有在生产方面做得更好？市场呢？客户服务呢？员工敬业度呢？通过建立基准和追踪结果，学习可以成为组织改善措施的一部分。

领导力

我们擅长：在整个组织范围内培养"领导者"，他们能够以正确的方式交付正确的结果——他们代表了我们的领导力品牌。

有些组织会"生产"领导者。这些组织通常有领导力品牌，或者是对领导力有清晰的陈述，比如描述了领导者需要知道什么、应该有什么样的特质，以及应该做什么。当组织中从上到下的领导者都拥有与客户预期相一致的独特标识时，该组织就拥有了领导力品牌。这些领导者可识别、聚焦，并且能够将客户预期转化为员工行动。我们曾在《领导力品牌》（*Leadership Brand*）一书中详细讨论了建立领导力品牌的 6 步法。

领导力品牌可通过监控未来领导者的储备池进行追踪。对企业里最重要的那 100 名员工，我们有多少后备人员？在某家企业，这一数据从 3∶1（即对于最关键的 100 个岗位，每个岗位配有 3 名合格的后备人员）降到 0.7∶1（不足 1 名）时，该企业就应该认识到，自己的领导梯队的实力已大大弱化。

客户联结

我们擅长：与目标客户建立持久的信任关系。

很多企业已经通过客户价值分析发现，20% 的客户支撑了企业 80% 的业绩，这些客户对企业的竞争及获胜至关重要。"客户联结"可以基于多种活动推进，例如，建立数据库以识别并追踪个体客户的偏好，组建客服团队以负责与目标客户建立长期关系，或者邀请客户参与企业的 HR 管理实践。为了创造与客户联结的机会，许多企业已邀请客户参与招聘、培训、薪酬和沟通实践等。如果能让相当比例的员工有机会面对外部客户或者与外部客户互动，那么"客户联结"能力就可以得到增强。这些活动的结果是，在员工与关键客户之间建立了心灵与思想的关联。当这个关联产生时，销售和市场份额的提升也就水到渠成了。

"客户联结和服务"可以通过目标客户群所占份额而非市场份额来追踪。这要求企业能够识别自己的关键客户，然后持续追踪这些关键客户所占份额。此外，定期的客户服务评分可帮助企业了解目标客户在客户联结方面的认知和认可程度。

创新

我们擅长：实施创新，无论是在内容上还是流程上。

创新通过聚焦于创造未来而赢得机会，而不只是依赖于过往的成功。创新很重要，因为它会推动成长。创新可以使员工在聚焦未来的可能性时感到兴奋与鼓舞，可以使产品或服务先于客户预期来满足客户，也可以通过创造无形资产或价值来建立投资者的信心。

致力于创新的企业领导者和 HR 领导者都会不断地提问："下一步是什么？"他们会在企业的所有领域提出这个问题。创新性的产品供给包含革命性新产品与延伸性产品（即附加特性、性能或功用）两类。商业战略创新则会改变企业赚钱的方式（生产新产品或者提供新服务）、改变企业经营的地点（开辟新市场）、改变企业走向市场的方式（通过新渠道）、改变顾客感知企业的方式（它的品牌识别），或者改变企业服务客户的方式（如 eBay 通过帮助客户互相之间进行交易，从而创造出新的服务模式）。另外，在财务、信息技术、市场营销、HR、制造以及其他员工系统中引入新流程时，管理创新就出现了。

"创新"可以通过活力指数来追踪，比如过去 3 年中新产品／服务创造的收入（利润）占比。创新也可以通过在组织内引入和实施新的流程来监控。

战略一致性

我们擅长：表述和推广战略观点。

许多领导者更擅长制定战略而不是达成战略，出现这一结果的原因通常是大家对想要达成的战略理解不一致。企业可以通过四个方面（认知、行为、流程、衡量指标）的计划来创造"战略一致性"。"认知"计划确保从高层管理者到基层员工所有人都能够理解战略是什么，为什么很重要。这需要通过不断重复简单的信息来传递。"行为"计划确保战略的指导思想能够塑造员工的行为模式。这很少能通过要求员工做什么来实现，更多是通过询问员工在既定的战略下他们愿意做什么来实现。允许员工自己定义与战略相关的行为，这样可以使他们对战略更认同。"流程"计划确保组织流程（预算、招聘、决策制定）与战略保持一致。为确保一致性，这些流程能够再造。"衡量指标"计划确保所有员工对战略和对战略实现的评估流程共享一套可操作性的定义。当这四方面都执行到位时，就有可能实现战略一致性。

当员工对战略具备了共识，都能就"企业战略如何将我们和竞争对手区分开，并帮助我们赢得客户"这一问题给出统一的答案时，我们就追踪到了"认知"层面的战略一致性。要追踪"行为"层面的战略一致性，只需要询问员工"你们觉得在有利于战略执行的工作上所花的时间占比多少"或者"企业是否聆听并执行了你们提出的改进意见"。要追踪"流程"层面的战略一致性，可以衡量企业流程在多大程度上从逻辑与经验两个方面对企业战略提供支持。"衡量指标"层面的战略一致性，可以衡量战略目标及相关的衡量在整个企业范围多大程度上得到了分享，由此进行追踪。

精简化

> **我们擅长：保持战略、流程和产品的简单。**

事实证明，质量管理、六西格玛和精益生产能够帮助组织减少波动性，实现流程再造。我们看到相当多的企业已经通过这些方法实现了工作简化。这种简化体现在顾客的购买体验中（从购买到运输再到付款的全过程）、产品的设计流程中（易用性），以及职能管理的流程中（如福利报销流程、培训项目申请流程）。

"精简化"可以通过以下方法衡量：每个单项活动所占用的时间（前文"速度"中有所描述）、单位成本、工作活动中冗余或不必要步骤的减少，产品库存和复杂性的降低。有一家企业发现，产品目录上每增加一个产品选项就会消耗 10 000 美元的成本，这些成本的大部分是隐含在设计所耗资源、存货以及制造成本中的。

社会责任

我们擅长：为社区或者更广泛的公众利益做出贡献。

在欧洲，当前很多企业依靠它们称之为"三重底线"的标准，衡量自己在多大程度上符合社会责任标准。此外，越来越多的共同基金㊀（mutual funds）开始强调投资那些能够切实担当社会责任的企业。社会责任的担当有多种表现方式，如企业捐赠和慈善活动，均表现了服务所在社区的承诺。如果一家企业希望被公众认为是"有奉献精神的企业"，那它就会致力于赞助有价值的社区事业。可持续发展或减少碳排放量也是"社会责任"的体现形式。许多企业已经开始进行运营设施的节能管理（如光照、能源使用、空间）、产品特性优化（减少包装、使用绿色环保产品）以及能源审计。另外，探亲假、弹性工作制等对员工友好的实践，能够帮助企业展示它们"社会责任"上的担当。还有一些企业从某些地区获取了大量资源，反过来，这些企业会对这些地区的居民所需给予特别的关注并提供支持，这种形式也正成为企业社会责任的一个重要方面，而且越来越重要。所有这些社会责任活动，都和共同的信念、价值观以及对所在社区的承诺密切相关。

"社会责任"能够通过活动和声誉来衡量。活动意味着你已设计并落实了可持续性政策、慈善活动以及雇用政策。这些活动和政策能够体现出企业的社会责任担当和价值观。比如，一些企业将部分收入捐赠给慈善机构，也会要求员工每年花一定时间服务于此类组织。社会声誉能够通过外部机构评比的企业声誉来衡量，比如"最佳管理公司"评比。

㊀ 共同基金是一种利益共享、风险共担的集合投资方式，即通过发行基金单位，集中投资者的资金，从事股票、债券、外汇、货币等投资，以获得投资收益和资本增值。——译者注

风险管理

我们擅长：预测风险，管理风险。

在经济不确定性加剧的时代，组织经常面临着无法预测的变化。"管理风险"意味着当事情变坏时减少破坏程度。但当组织资源被用到极限时，企业就不太有能力管理这种破坏性了。这些资源可能是财务的，也可能是情感性的。当资本紧张时，组织可能无法熬过衰退期或者不能投资新机会。同样，情感资源也可能被稀释。员工可能缺少情感"储蓄"来应对突发变化或工作倦怠。通过管理风险，组织预测未来的能力能够得到加强。比如，增强工作流程的可预测性和规范性，可以有效减少成果的波动性，从而减少风险。

组织的需求应该与其在资本市场和人员管理方面所拥有的资源相匹配，可以通过评估组织的需求在多大程度上超出了它所拥有的资源来追踪组织的"风险管理"水平。你的组织是否过度负债或信用透支？你的组织是否过度使用了员工的情感资源？这可能体现在心理健康护理成本上升、流失率上升、生产率下降或敬业度得分下降等方面。良好的风险管理对于战略实施必不可少，尤其是在充满变化的经济环境中。

效率

我们擅长：有效管理运营成本。

在充满竞争的市场中，控制成本能够有效提升企业在高回报项目中的投资自由度。领导者能够通过流程、人员和项目来降低成本。流程改进来自持续改善（Kaizen），或者其他可以降低波动性、在工作过程中减少操作环节、减少库存和工作区、保障产品和服务的及时提供等生产效能提升举措。人员提升方面在于通过技术应用、团队组织和更有效的流程，使得投入的人更少，获得的产出更多。项目投资方面，可以进行资本支出管理，明智地将钱投资于未来。那些只管理成本而忽略成长的领导者最终会失败，因为企业不会单纯通过节约成本走向繁荣；那些不关注成本管理与效能提升的领导者，同样不可能有机会进入最优企业的行列。

追踪"效率"在以上这些方面的表现是最容易做到的。所售产品的成本、库存、直接或间接劳动力成本、资金占用等情况，都能够从资产负债表和利润表中反映出来。

结论

本章所述的组织能力是 HR 转型的成果，它们是人力资源的产出物，可以为每个利益相关者提供回报（见图 3-1）。聚焦于组织能力这一成果，HR 转型团队应开展组织能力审计，鉴别出在既定的商业环境和企业战略下，哪些组织能力对于企业未来的成功最为关键。针对这些高优先级的组织能力，可以建立计分卡以追踪关键能力的基准和改善进度。通过聚焦于利益相关者和组织能力这两方面的产出成果，我们可以定义和监控 HR 转型的结果。

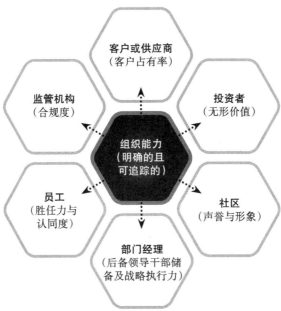

图 3-1　利益相关者指标示意图

工具 3-3　组织能力运营

通过组织能力审计可以找到需要优化的能力项，将这些能力转化为可以监控、追踪的具体措施。请观看马克·尼曼的视频，视频中讲述了如何通过平衡计分卡展现 HR 转型的成果，使得所有相关人员都能知道预期目标，以及如何实现这些目标。

详情请登录网站 www.TransformHR.com。

工具 3-4　向利益相关者描绘组织能力图

聆听贾斯汀·艾伦分享的最佳实践案例：组织能力的发展能够让员工、业务管理者、客户、投资者、社区和其他利益相关者受益，那么，如何向他们展示他们是如何受益的呢？

详情请登录网站 www.TransformHR.com。

第三阶段
重新设计 HR

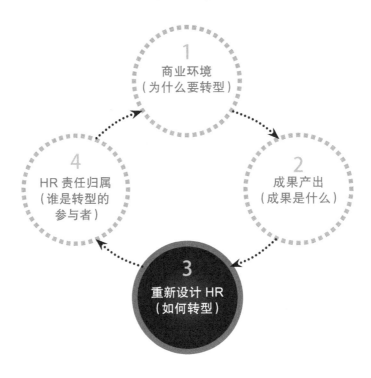

第 4 章

重新设计 HR 部门

HR 转型的第一和第二阶段回答的是"为什么要转型"(商业环境)和"成果是什么"(成果产出)的问题。第三阶段要回答的是"如何转型"。这个阶段由三部分构成,每一部分都明确提出了 HR 需要做的工作:

- HR 职能或部门可能需要重新设计。
- HR 实践要通过转型变得更有效,具有高度一致性、整合性和创新性。
- HR 专业人员要转型升级,具备做好工作所需的胜任力。

本章我们开始回答怎样完成转型,我们将聚焦于 HR 部门的彻底重组,因为这是众多 HR 转型工作的开始。HR 部门转型的实质是在企业内把 HR 部门当作一个业务来经营。每个企业都有自己的战略(要做什么)和架构(如何把人和工作组织起来达成目标),HR 战略和架构都可以重新设计,以确保 HR 部门能够响应商业环境的要求,为企业创造价值。

HR 战略的转型

HR 战略可以为 HR 部门指明方向,确定工作重点。一般而言,战略陈述有很多版本，有不同维度，HR 战略尤其如此。我们认为，在对一个特定的 HR 部门做战略转型时，战略陈述（有时候也称为战略方向、战略意图或者战略构架）应该依序回答下列三个问题：

1. 你是谁（愿景）？
2. 你能创造什么价值（使命或价值主张）？
3. 你为什么这样做（我们希望达成的结果）？

你是谁

"你是谁"代表一种身份或形象，它应通过 HR 战略向部门内外传递。这种身份信息要符合利益相关者和内部 HR 专业人员的期望，聚焦未来而不是过去，与业务的需求保持一致，并且提供一个挑战性的目标。它塑造 HR 部门的品牌，建立对 HR 部门的预期，指明 HR 的发展方向，并引领 HR 发展。

你可以通过 HR 专业人员扮演的角色和开展的行动来描述这种身份：引导师、教练、设计师、合作伙伴、规划师、贡献者、思想领袖、创造者、参与者或执行者。你很可能会从这些角色中选择不止一种角色来描述这种身份，但为了保持足够的战略聚焦，请不要超过三种。这种身份信息应该由使用 HR 服务的业务管理者、受 HR 政策影响的员工、与企业建立合作关系的客户和投资者，以及 HR 部门内的 HR 专业人员等进行检验和确认。例如，这种身份可能是"思想领袖和变革设计师"或"引导师和教练"。

这种"身份"陈述常常由资深的 HR 团队起草，在过程中他们会听取关键利益相关者的建议，这些利益相关者希望能够把他们对 HR 部门的期望写进这个陈述里。因此，这个身份信息应包含现实和激励的成分。我们发现有一个简单的问题可以帮助定义"身份"："作为一位 HR，哪三点是你最希望被你的服务对象记住的？"

你能创造什么价值

HR 部门创造的价值，就是在第 3 章中所描述的那一系列成果。HR 工作成果应该包括企业成功所需要的组织能力，也可以说成是企业承诺投资者的无形资产。例如，HR 部门应该确保生产率、培养人才、提升速度、建立共享的思维模式、优化问责制，或者加强创新。HR 部门的工作成果就是上述这些有助于企业战略实现的组织能力。在 HR 战略中，这些成果应该具有可操作性，以便追踪和衡量。HR 专业人员和业务管理者共同对成果的交付承担责任。对 HR 交付成果的定义来自对组织能力的审计，这一点在第 3 章中已有说明。

你为什么这样做

这个问题与商业环境（见第 2 章）有关，也与关键利益相关者紧盯的特定经营结果有关。HR 战略的这一部分建立在"目的是"（so that）的陈述上，包括增加收入、扩大市场份额、提升客户忠诚度或总体市场收益率。"目的是"的陈述必须包含衡量标准，以便你监控 HR 工作的进度以及它对业务产生的影响。再次重申，你可能会选择不止一种成果（这就意味着要聚焦多个组织能力），但是请保持足够聚焦，选择不要超过三种。可能 HR 人员的日常工作有与 HR 战略宣言中描述的内容不相符，但是描述本身应当反映 HR 部门在企业中的战略性工作。有了这些可量化的成果，HR 的工作就有了明确的方向。

将上述三个陈述放在一起，就能形成"HR 战略宣言"：

第一部分：我们是谁

我们是 _____、_____ 和 _____。

第二部分：我们能创造什么价值

主要的职责是 _____、_____ 和 _____。

第三部分：我们为什么这样做

其目的是_____、_____和_____。

虽然这种模板化的战略宣言要结合企业的具体情况进行修正，但是它应代表你对 HR 战略的清晰定义，并可以方便地在 HR 部门内外进行沟通和传播。

工具 4-1　HR 战略宣言

下载"HR 战略宣言工作表"，将这个文件作为 HR 战略说明会上使用的模板。

详情请登录网站 www.TransformHR.com。

工具 4-2　制定强有力的 HR 战略

学习韦恩·布罗克班克制定 HR 战略的方法，并在实践中应用。

详情请登录网站 www.TransformHR.com。

HR 组织转型

对 HR 部门进行转型，就是要建立这样一种 HR 部门，它既能匹配企业的组织形式，同时又能体现 HR 战略。在进行 HR 的组织设计时，最重要的三大原则是：首先，HR 部门的组织形式要符合企业整体的逻辑和组织架构；其次，HR 部门的工作流程要符合专业服务类机构的相应特点；最后，要区分事务性和转型性 HR 工作。

如果 HR 部门的工作逻辑和架构能够反映其所在企业的业务逻辑和架构，就能为企业增加价值。企业常常依循两个维度来进行业务组织：集权（有利于提升效率和控制力）和分权（有利于提升有效性和灵活性）。如果一个企业的业务单元组合战略是基于控股公司架构的，它就由多个相互独立的业务构成（见图 4-1 右底部），竞争性业务决策是要由当地运营部门做出的。在这样的情形下，HR 的逻辑和流程也就更可能内含在业务单元中。在大多数控股公司中，集团 HR 部门相对很小，或者根本没有。另外一个极端是，企业只从事单一业务（见图 4-1 左上方），在这种情况下，公司就是业务单元，因此公司的 HR 和业务单元的 HR 是同一个。

相对更复杂的业务组合架构体现了从业务的非相关到高度相关之间不同的多元化程度（见图 4-1 右上方）。如果一个企业的业务组合逻辑是基于非相关多元化的，那么业务的差异远远大于相同之处。在这种情形下，往往根据当地业务的不同来确立和修改相应的 HR 逻辑。非相关多元化公司的 HR 有"一刀切"的误区，要格外留心以确保 HR 战略和方法与业务要求的逻辑相适应。

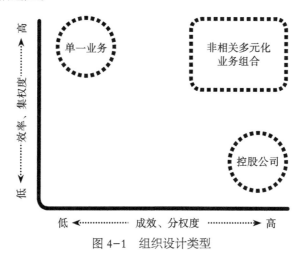

图 4-1　组织设计类型

如果业务的组合配置是基于相关多元化的假设基础上，那么业务的相似点会远远大于其差别。在这种情形下，企业内各个业务单元可以共享 HR 管理的逻辑、战略和实践。在这样的架构下，HR 的常见错误是设计和实施的方案太多，业务协同性没有达到最优。要遵循的经验法则是，HR 的战略和架构应该反映企业的战略和架构。有人曾经提出，我们建议的 HR 架构不适用于小企业，这是因为他们没有理解集权化的企业（通常是小企业）应该拥有集权化的 HR 架构。

　　HR 部门组织设计的第二项原则是，按照专业服务机构的模式进行。律师事务所、广告代理机构、会计师事务所或咨询公司是通过让知识产生生产力来赢得认可、尊重和客户忠诚的。知识代表这个专业领域内的信息集合体和专业见解，当这些专业见解成为与客户共事相处的标准，以及当这些专业见解帮助客户实现其目标时，就带来了生产力。HR 管理是关于人员和组织如何运作的一整套知识体系。当 HR 部门服务的对象通过使用这些知识有效提升了自己工作的效能与效率时，这些专业见解就算富有成效。由于 HR 部门的组织体系、工作流程和日常运作的作用，第 2 章所描述的利益相关者应该能更顺利地完成他们的目标。战略性 HR 工作做得好，就能帮助企业领导者更容易地实现经营目标。

　　为实现 HR 成功转型的第三项设计原则是，有效地区分管理战略性和事务性工作。定义哪些工作是战略性的、哪些工作是事务性的并不是一件容易的事情，但它在转型中却至关重要。第 1 章提出 HR 转型常犯的错误是只进行了行政性 HR 转型，却没有涉及更加战略性的问题。第 2 章和第 3 章中描述的有关商业环境和组织核心能力的工作为你提供了线索，帮助你去了解企业中哪些 HR 工作是或者应该是战略性工作。在此基础上，还应评估 HR 的每一项成果，并且明确这项成果是如何为业务做贡献的。还有，也要确保行政性或事务性 HR 工作有效进行。

　　除非战略性工作和事务性工作能够区分开，否则哪一项都做不好。应明确具体是哪些 HR 工作对业务产生的影响最大，只有这样，你才能足够清晰、足够聚焦，扮演好战略性合作伙伴的角色。这个区分的过程能够让你的 HR 战略落地。同时，一个不能圆满完成事务性工作的 HR 部门试图去承担战略性角色，也是不可信的。再次强调，战略性工作和事务性工作不能混淆，否则两类事务都不可能取得应有的成效。

> **工具 4-3　战略性工作和事务性工作的对比**
>
> 辉瑞公司的案例表明（见第 10 章），将 HR 的事务性工作和转型性工作区分开来是所有 HR 转型的关键步骤。聆听马克·尼曼描述筛选的过程。
>
> 详情请登录网站 www.TransformHR.com。

根据这三个设计原则，转型中的 HR 部门可以有五项互不相同、偶尔交叉的职责。这五项职责代表了 HR 工作开展的五个模块或工作方式，如图 4-2 所示。HR 部门可以为每一个模块设置一个专门的组织架构或部门，也可以不那么细分。关键的问题在于，确定 HR 内部这五个模块的工作流程，并按照第 3 章中所讨论的交付成果对每个模块进行升级。此外，了解这全部五个模块，将有助于你确定当前和未来的 HR 部门的工作成果，确保所有的成果都包含在你的分析中。有时，人们希望只专注于某一个模块就能进行 HR 部门的转型。例如，引进新的 HR 信息系统（图 4-2 中模块 1）可以提升 HR 的行政性工作的效率，但这并不是完整的 HR 转型，除非对 HR 的其他角色也进行重新设计（已在第三个设计原则中详细说明）。

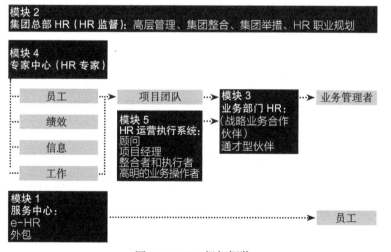

图 4-2　HR 组织概览

模块 1：服务中心

20 世纪 90 年代末，HR 领导者（以及其他职能部门，如信息技术、财务和采购等部门的领导者）逐渐意识到很多行政性任务以集中化和标准化的方式执行更有效率，因而出现了 HR 服务中心。信息技术的成熟也促进了服务中心的成长，并且推动了它们向运营成本较低的地区转移，比如印度或东欧。正如一位 HR 高管所说："如果我们能把 HR 工作搬到 400 码⊖之外，那就也可以把它转移到 3000 英里⊜远的地方"。

服务中心在传统的 HR 工作方面享有规模经济优势，如员工支持计划（EAP）、异地管理、福利报销处理、养老金计划申请和管理、应聘者跟踪、工资支付和学习管理。服务中心要求 HR 工作流程标准化，从而减少冗余和重复操作。由于技术的进步，无论你身处企业内还是其他地方，服务中心可以一周 7 天、每天 24 小时全天候提供支持。服务中心转型的主要实现手段是，以信息技术为支撑的员工自助服务和外包服务，或者两者兼而有之。

通过技术手段实现的员工自助服务中心

信息技术经过合理设计后，能让员工自己处理大部分与个人相关的 HR 行政事务。在这个趋势中，"自助"作为流行语诞生。只要自己愿意，员工能在任意时间处理很多常规性事务，因为自动化的 HR 系统没有营业时间的限制。我们估计，员工能够自己在线解决 60% 的 HR 服务需求或常规性事务，例如，进行养老金计划投资选择。在进行基于信息技术的 HR 转型方案设计时，HR 专业人员要了解以下选择。

1. 从零做起/定制，还是购买现成的。许多企业都认为自己是有很多独特性的，但在当今世界，最好避免设计并应用一套独特的 HR 门户系统和服务，或者对标准化的系统进行大幅度修改。一家企业花了数千小时创

⊖ 1 码 =0.9144 米。
⊜ 1 英里 =1.609 千米。

建其独有的 HR 信息技术系统，最终却发现还不如以极低的成本直接引进一套系统更加有效。目前市场上有许多成熟的 HR 信息技术产品，直接引进一套这样的系统，要比自建一个全新的系统或者购买后大幅修改系统更加经济和方便。

2. 追求效率，还是更亲密的员工关系。员工在处理 HR 事务时，为的就是简易和便捷。然而，HR 不比零售银行业务，后者的客户乐意通过 ATM 自动柜员机完成交易，并不想与银行建立私人关系。HR 更像是投资银行业务。在投行业务中，关系管理是提升客户占有率最好的长效机制。HR 部门中的员工关系管理职能，旨在建立员工对企业的忠诚，从长期看也是员工关怀最好的方法。要实现这一目标，不说完全依赖，至少也是在很大程度上要依赖于战略性 HR 工作的有效执行。但是，在 HR 信息系统中为员工提供人工服务这一选项也很重要。

3. 收集数据，还是生成信息。自助服务的一个明显优势是，能够收集有关趋势和员工需求的数据。例如，通过了解有多少年轻或年长的员工进行在线学习，可以帮助 HR 进行工作规划和员工沟通工作。不过，如果对数据不善加利用，就不会对决策制定有任何价值。与其仅仅把数据束之高阁而不去充分利用，还不如没有这些数据。好的业务决策首先从提出"好问题"开始，而这需要有管理洞察力与远见；然后就可以把这些通过技术手段收集的自助服务数据用于评估解决问题的各种方案，并用来验证各种假设。

4. 收集数据，还是保护隐私。对于员工个人隐私的顾虑始终是一个很大的挑战。积累的数据越多，企业了解员工的个人情况就越多，也就越难保证数据的安全。尽管 7×24 小时能进入员工数据库，很有用也很方便，但这就模糊了工作和生活的界限。正当每个员工都在想方设法保持工作—生活平衡时，现代科技却越来越具有侵蚀性，打破了这种平衡，而这种平衡是能够帮助员工在工作和家庭生活中产生目标感和意义感的。

5. 信息是存档，还是更新。在建立 HR 信息系统时，人们的重点往往是创建系统，而不是后期的系统维护。但正如新盖的楼房年度维护费用的预算要占到总成本的 15%～20% 一样，HR 信息技术（HRIT）的投资应当以占原始成本 15%～20% 的额外预算计入，作为年度营运维护资金。这意味着，相对于系统内信息的更新，对系统进行定期升级也同样重要。

服务中心外包

外包服务开展的前提是："知识和流程能力"作为一种资源，不需拥有，但可使用。HR 专业服务可以通过两家或多家企业联合建立共同的服务中心，或者彻底地从提供该专业服务的供应商处直接购买而达到资源共享。在通过外包服务对 HR 进行转型的过程中，外包服务供应商利用了知识经济和规模经济的优势。知识经济效应使它们能够紧跟最新的 HR 研究成果和技术发展；规模经济效应则使它们可以投资单个企业所无法承受的设施和技术。因此，翰威特 (Hewitt)、埃森哲 (Accenture) 和韬睿 (Towers Perrin) 等公司能够提供一系列专业 HR 服务，并致力于将客户企业从传统的使用多个外包供应商的理念中转变过来——多个外包供应商中，一个负责招聘，另一个负责培训，还有一个负责员工薪酬，等等——这些外包商都有各自或多或少不同的解决方案。

使用 HR 外包服务的企业越来越倾向于寻求一体化解决方案，而不是被割裂开来的单一服务。虽然说这种规模的外包服务刚出现，还不能明确下结论说效果如何，但使用这种模式的企业已经体验到下列潜在的益处。

1. 节约成本。节约 20%～25% 的成本。对于许多平均每年每个员工的行政管理费用达到 1600 美元的大企业来说，这可是不小的数字。例如，有 1 万名员工的企业，每年大约可以节约 320 万美元（20%×1600×10 000）。

2. 标准化和简洁化。外包服务要求 HR 事务性工作保持一致性。很多大企业通过并购的方式进行扩张，积累了多种 HR 系统。如果将 HR 工作外包，可以很快迫使企业的 HR 管理趋于一致，而如果在企业内部实施统一标准化，往往需要若干年才能完成。

3. 提升速度和服务质量。正如我们所提到的，外包服务供应商一般依靠技术和规模经济效应紧跟最新的发展趋势，借此不断提高它们的服务质量。企业员工也常常感觉服务水平随着外包项目的有效开展确实得到了提升。

4. 专注于 HR 核心业务。将 HR 部门的基础性、重复性工作外包，使 HR 专业人员可以更多地专注于战略性工作。因此，服务外包可以使 HR 专业人员在思维与行动方面变得更有战略性。

伴随转型，这些优势需要在更长的时间内进行分析，以确定服务外包的真正价值。然而，尽管初期的指标表明服务外包有正面的收益，但这种模式也存在一定的风险和隐患。有些组织或机构对 HR 工作外包的部分非常满意，而同样的外包，对有些企业来说却是不堪回首的痛苦经历。外包服务常见的挑战有：选择了不合适的外包服务商，外包合同执行不力，对 HR 外包服务首次实施所需的变更管理投入不足，在新的 HR 架构下管理不同的角色，以及对失去正式控制的应对措施。尽管存在这些风险，我们仍然认为大企业将不断地把大量 HR 工作外包给更可靠的供应商；小型企业可能将个别 HR 事务外包，比如薪酬和福利管理等。这两类外包服务都反映了未来企业或组织所应当具有的跨界合作的特征。

通过服务中心进行 HR 部门转型需要 HR 和信息技术部门紧密合作。HR 部门可以提出需要提升或改进的具体内容或做法，而信息技术部门通过系统开发帮其实现。

模块 2：集团总部 HR（HR 监督）

集团总部 HR 岗位可以进行重新设计，以完成六项重要的职责。本节将具体讨论这些职责：

- 创建统一的企业文化和身份标识。
- 按照 CEO 的议程设计项目，从而协助相关议程的实施。
- 设计流程，确保 HR 工作与业务目标的一致性。
- 对专家中心和业务部门 HR 之间的争议做出仲裁。
- 负责为总部员工提供 HR 服务。
- 确保 HR 专业人员的职业发展。

第一，总部 HR 专业人员的工作要为企业创建统一的企业文化特征。无论企业战略多元化程度高还是低，除非企业确实是按照投资组合策略运作的控股公司，否则一定会有很多重要的外部利益相关者与整个企业建立联系。股东往往主要关注企业的总体业绩，而与企业有着大量生意往来的大客户一般和该企业的多个部门有往来。同样地，整个企业的形象往往是吸引潜在人才加入企业各部门的原因。总部 HR 专业人员通过聚焦企业价值观和企业准则来建立或强化企业的文化和声誉。业务管理者是执行企业准则的责任主体，总部 HR 部门则是将企业准则制度化、体系化的责任主体。

第二，总部 HR 专业人员按照 CEO 的议程设计项目。绝大多数 CEO 都有一份企业的战略议程，比如全球化、产品创新、客户服务或社会责任。总部 HR 专业人员需要将这个议程转变为具体的投资和行动计划；通过定义组织能力、设计 HR 方法和推动全集团 HR 工作计划的实施等行动，使企业具备实施这些战略议程的能力。总部 HR 部门要确保共同的业务需求能产生共享的 HR 准则和方法。

第三，总部 HR 负责确保企业内部的 HR 工作与业务目标一致。总部 HR 部门可以为企业战略和 HR 之间的连接制定并发布一套清晰的流程，并向各个业务单元推广。总部 HR 对跨运营单位和跨业务时采用相同还是不同的 HR 方法的争论进行裁定。如果能够明确区分哪些 HR 工作是具有转型意义的，哪些是基础事务性的，这件事做起来就会容易得多。此外，总部 HR 应确保各业务单元的 HR 参与设定可衡量的目标。在高度多元化运营的企业里，总部 HR 可能不会硬性规定可衡量的目标是什么，但是要负责确保 HR 目标的设定，并有相应的可衡量的绩效标准。

第四，总部 HR 专业人员对专家中心和业务部门 HR（主要是指业务或运营部门内部的 HR 专业人员）的争议进行仲裁。专家中心自然倾向于工作流程一致；业务部门 HR 专业人员更偏好工作有一定的灵活性，按照不同利益相关者独特的（看起来似乎是的）要求做出选择。总部 HR 并没有放之四海而皆适用的答案或统一的方案来决定何时推进标准化流程，何时要具体问题具体分析，但是可以为各个部门提供协调和讨论的平台，让各方发表不同的意见，权衡各种因素，从而实现双赢的局面或者积极的妥协，我们把这种做法称为管理企业内部的推力（专家中心）和拉力（业务部门 HR）。双方需要沟通，某些时候需要仲裁。

第五，总部 HR 负责确保 HR 专业人员的职业发展，这样的角色与企业其他单元或分支的 HR 职能或多或少有些类似。和所有员工一样，总部员工也应该通过服务中心或信息技术处理其日常的 HR 事务。然而，有些总部员工比较特殊，他们与企业的关系是公开可见的并且代表了企业的形象。例如，公开发布高管薪酬时要格外谨慎，以确保对企业内外部的利益相关方传达正确的信息。资深 HR 管理者也经常在辅导高层管理者方面扮演重要角色，他们提供专业指导和建议，从如何形成领导者的个人领导风格，到关键员工换岗和接班问题，以及如何帮助企业文化不断演变。

第六，总部 HR 负责 HR 专业人员职业的持续发展。HR 专业人员常常是那个补鞋匠的赤着脚的小孩,他们虽然为其他员工设计学习项目和职业发展计划,但往往没有机会让自己得到进修和发展。总部 HR 应该特别关注企业 HR 专业人员的成长需要,尤其是那些与 HR 转型相关的重要人员。要改变 HR 在企业的影响力,就需要 HR 专业人员摒弃陈旧的角色和工作方法,学习新的方法论。

在重新设计总部 HR 模块时,这六项职责应该被全面考虑,以便总部 HR 专业人员有明确的预期。

模块 3:业务部门 HR(战略业务合作伙伴)

组织中既有共享服务中心,还有一些分布在不同组织单元的 HR 专业人员。这些组织单元是按照地理位置、产品线或职能部门(如研发部门或工程部门)来划分的。这些被我们称为"嵌入式 HR"的 HR 专业人员有很多头衔,如员工关系经理、HR 业务伙伴或 HR 通才。不管他们的具体头衔是什么,他们是这样工作的:直接与部门经理以及每个组织的领导团队合作,厘清战略、进行组织审计、管理人才和组织、创建有附加值的组织能力、实施支持性的 HR 战略,以及领导各自的 HR 部门。在重新设计业务部门 HR 角色时,有大量属于他们的职责需要明确:

- 参与对企业战略的评估和检查,提供专业支持。
- 代表员工利益,对变革的潜在影响保持关注。
- 定义达成企业目标所需的条件,并找出问题所在。
- 选择并实施最有利于实现企业战略的 HR 方案。
- 评测并追踪绩效成果,了解企业所做的 HR 投资是否实现了预想的价值。

在第一个角色中,业务部门 HR 专业人员参与并支持企业战略,提出自己的见解，帮助领导者找到组织能够而且应该投资的领域，从而赢得新业务的融资或者提升现有投资的表现。他们为企业战略的开发过程制定框架，积极主动地为企业战略问题提供见解，对企业的未来富有个人远见，引导管理团队内部进行有效战略开发的讨论。正如我们在《HR 胜任力》一书中指出的，最新的调查结果显示，这个角色反映了我们在其他地方称之为"战略设计师"的胜任能力。

在支持战略决策制定的过程中，HR 专业人员也通过强调战略选择的潜在影响来体现员工的利益。例如，现有员工队伍中有多少人需要重新培训、重新组织或者对编制进行调整。HR 专业人员帮助形成清晰的战略信息，以便能向企业员工传达并使之转化为行动。在这一过程中，他们小心避免集体决策倾向，鼓励所有人参与讨论，在寻求达成共识的同时肯定不同意见的价值。

通过战略形成和执行的过程，业务部门 HR 对组织进行诊断，确定实现目标所需的条件，发现问题所在。有时候这个过程可能不太正式，只是 HR 专业人员进行反思并就战略实施能力引起大家的关注。当我们谈到"组织能力效用最大化"时，第三方审计可以引入一个正式的 360 度评估，来确定该战略下哪些能力是需要并已经具备的（见第 3 章）。这些审计能帮助评估企业内部文化与让外部客户和投资者满意所需的文化两者是否一致。在进行组织审计时，业务部门 HR 和业务管理者合作，收集数据，制订重点行动计划。

根据组织审计信息，业务部门 HR 选择最有利于企业战略实施的 HR 策略。在这个过程中，业务部门 HR 应将自己对企业和员工的独特认知运用到这些工作中：选择能创造价值的举措，整合形成组织能力，并且对这些举措进行排序以确保执行到位。业务部门 HR 从驻留在专家中心的 HR 专家那里得到指导和支持，并按照业务的要求调整后应用。由于要借助外部资源而非自有的资源，这意味着业务部门 HR 要能娴熟地影响同事，积极和同事们协作。他们必须能够和专家中心对口的那些掌握企业工作议程的 HR 进行谈判。他们必须能有效管理多个临时组成的团队。

最后，业务部门 HR 专业人员要衡量并追踪绩效，了解业务部门在 HR 方面的投资能否实现预想的价值。从本质上说，业务部门 HR 专业人员是判断需要做哪些事情，借用哪些必要的资源推动事情的进展，跟踪进度，确保工作顺利完成。

在重新设计业务部门 HR 模块时，这些职责要清晰描绘，人人理解，让从事业务部门 HR 的专业人员了解企业对他们的期望。

模块 4：专家中心（HR 专家）

专家中心的运作就像组织内部的专业咨询公司。根据企业规模不同，专家中心可以是企业范围内的，也可以是地区或国家范围内的。专家中心的业务模式很像多用户（业务单元）共享服务的模式。在某些情况下，他们要收取服务使用费，或者收取适当的服务费外加基本管理费。专家中心是需求拉动型的运作方式，也就是说，如果企业不看重他们的价值，他们便无法存续下去。专家中心里的 HR 专家在 HR 转型过程中扮演着很多重要的角色，具体职责如下：

- 创建服务项目菜单，这个菜单和推动企业战略成功的组织能力保持一致。
- 诊断需求，推荐最适合组织现状的服务。
- 和业务部门 HR 专业人员合作，选择并实施正确的服务类别。
- 在当前的服务项目不能满足需要时，就要推出新的服务项目。
- 对服务项目菜单进行管理。
- 引导组织内部的学习氛围。

作为内部设计和流程顾问，专家中心的 HR 专业人员要创建最佳 HR 实践"菜单"，菜单上列出既有的或者可以有的 HR 服务项目选项，它们均为提供高质量的 HR 服务所需。业务部门 HR 专业人员要能从菜单中做出选择，使之在公司范围内合法地推广。专家中心的 HR 专业人员要根据最新的最佳实践和企业内部的推广经验不断更新、修正菜单。

同理，专家中心的 HR 专业人员第二项职责是与业务部门 HR 专业人员一起应对特殊情况，选择最佳方案或者采取干预措施。例如，当业务部门 HR 专业人员意识到需要开展一线管理培训项目时，专家中心就要能提供服务项目菜单供业务部门选择。这些服务项目可能包含企业内部的研讨会、一些外部论坛（通过顾问或本地大学提供）、一个自行录制的 DVD 节目、可以自己设置进度的电脑学习课、一个 360 度反馈练习，以及其他人员发展的经验。如果当前没有现成的服务项目，设计专家会按照自己对企业和行业的理解汇编一个。流程专家把这份菜单给业务部门 HR 专业人员，同时帮助其诊断需求，选择最适合当前业务状况的服务，对如何实施所选项目提出建议。业务部门 HR 专业人员负责选择并执行正确的人才发展计划，提高一线管理水平。

HR 专家中心的第三个职责是与业务部门 HR 专业人员合作，做出选择的同时，为实施这些项目提供支持。假如业务部门 HR 专业人员和专家中心的 HR 专业人员都认为当前的服务项目不能满足需求，设计专家就应该提出新的方案，然后加入到企业的"菜单"中。

这样就谈到专家中心的第四个职责，当前的做法不足以满足企业的需要时，就要推出新的方案和服务。通常，企业并购、多元化经营或投资新业务时，会提出新的服务项目需求。例如，之前我们提到 IBM 进入全球咨询服务行业的例子。当组织从产品转向服务时，新的 HR 服务就会产生，以应对变化中的需求。

这就自然而然引出了专家中心的另一项职能——对过程或服务"菜

单"的大小和宽度进行管理。一般而言，服务"菜单"的大小取决于业务多元化的程度。如果是相关多元化，菜单就要小，以确保不同的业务使用相同的管理方法；如果是非相关多元化，菜单就要大，以兼容更多的灵活性，有更多选择。不管是什么情况，专家中心都需要界定哪些是有帮助、可接受和被允许的。举一个非常简单的例子，一家大型的地区性银行在审计培训项目时发现，组织内不同的部门共使用了12种不同的教练项目。专家中心把项目从12种砍到了1种，一方面节约了成本（更有利的合同谈判条件），另一方面又能在教练过程中创造共同语言和技能上的根据。

最后，专家中心还应负责在企业内引领学习社区的建设。每当设计专家为菜单添加新的服务项目时，他们立即发起学习，然后流程专家在跨部门的经验分享基础上总结归纳。例如，他们可以共享不同部门在管理培训方面的经验，这样就不需要每个业务部门都创建自己的培训课程。流程专家可以推动学习迁移，或者要求有需要的业务部门和之前做过这项工作的部门直接联系。

对 HR 部门进行重新设计，应确保所有的职责或各个中心的划分为大家所理解和接受，并且任职的 HR 有能力满足这些要求。专家中心的人要及时了解能为业务增加价值的最新 HR 方法和框架，但同时又不能犯一种人们常常犯的错误，即带着答案找问题。处理好专家中心 HR 和业务部门 HR 之间的关系，是防止此类错误发生的关键。

模块 5：HR 运营执行系统

大量 HR 部门试图运行我们所描述的模型，但很多人发现总是有些工作被疏忽。虽然我们要求业务部门 HR 专业人员具有战略眼光，能开展组织诊断，但面对诸多与自身主要工作目标相矛盾的日常工作，他们常感到应接不暇，致使他们无法做出高附加值的战略贡献。他们花费大量时间在做个案处理（如处理违纪问题）、完成操作性的任务（如安排和参加招聘面试等)、进行分析统计(如进行薪酬审查),或者开展其他新事项(如新员工入职培训)等工作上。

服务中心一般不会执行这些具体任务,因为这些任务需要个案处理;专家中心也不会执行这些任务,因为这些问题常常要求对业务知识有深入和独到的理解,也需要对内部业务关系有很深刻的了解;业务管理者也不执行这些任务,因为他们缺乏技术专长。因此,虽然业务部门 HR 专业人员有技能也有自信做更具有战略性的工作,也被鼓励要聚焦于转型的角色,但仅就工作量而言,业务部门 HR 专业人员就已经被这些日常工作所淹没。

有些 HR 重组时发现,在聚焦于关键业务和客户问题的同时,往往忽略了执行日常操作性工作所需的能力。虽然理想状态下,日常工作可以通过一个整合的团队执行,但仍需要为这个团队指定负责人来保证整体顺利运行。我们发现,不同的企业应对执行力不足的问题有不同的办法,具体如下:

- 一家企业已经为 HR 通才或业务伙伴配备了"初级业务伙伴",要求这些人员将战略思想转化为该业务单元的可操作性方法。
- 另一家企业建立了一支 HR 运营顾问团队,将该顾问团队派遣到某业务单元,帮助其把 HR 战略转化为行动。他们专注于项目型的工作,但也重点关注该业务单元内具体项目的执行。顾问团队由深谙 HR 新方法实施的 HR 专业人员组成。当然,这个团队还可以作为高级业务部门 HR 岗位的潜在候选人的上岗前锻炼和测试的平台。
- 还有一家企业使用来自服务中心的个案顾问(case adviser)跟进员工的需求。

包括上述企业在内的很多企业正在尝试解决一个普遍存在的问题:如

何确保 HR 部门执行最新的战略，并且为满足业务的需要而量身定制，我们把这叫作 HR 运营执行者的角色。这些 HR 专业人员需要将业务成功所需条件（由业务部门 HR 专业人员推动）和创新的、最新的 HR 实践（由专家中心推动）融合起来，转化成可以及时执行的行动计划。

想要创建 HR 运营能力的组织面临着诸多挑战，但是要成功就必须面对这些挑战。经过和 HR 领导者的讨论，我们认为下列因素尤其重要。

选择合适的人员

HR 运营角色需要一整套特别的能力。这些角色最适合那些以执行为导向的人员，而不是专注于战略关系（业务部门 HR）或新知识创造（专家中心）的人。然而，HR 运营岗位也可以为业务部门 HR 和在中心工作的 HR 专业人员提供绝好的发展机会。实际上，诸如美国联合技术公司、德事隆集团和凯洛格公司的 HR 部门都认为在 HR 运营角色上取得成功是有资格承担更加战略性的 HR 角色的必要步骤。我们认为，随着时间的推移，HR 组织将发现执行运营系统的 HR 人员最好由有长远打算的人（喜欢做这项工作的人）和短期轮岗的人混合组成。

发展那些成功所需的技能

项目实施管理技能对于 HR 运营人员来说非常关键，团队合作技能也同样关键。他们必须快速理解人们的期望。在澄清目标、角色以及讨论特定的行动和措施时，他们必须把业务部门 HR 专业人员和专家中心的 HR 专业人员召集在一起，他们必须确保变革的发生。一些判断技能也同样重要。比如在制订项目计划的时候，一定要考虑现实情况（如政治局势）和其他有冲突的活动。不能把 HR 运营职能的人员简单地视为一双执行之手，而是一开始就要让他们参与方案的制订。

管理好优先级和工作量

选择合适的项目对 HR 运营人员来说是一项重要的任务。HR 部门的资源是有限的，但人们往往用本来就稀缺的 HR 运营人员去完成优先级不高或者其他 HR 专业人员不想去做的工作。这样的错误使 HR 运营工作变得琐碎，也使从事 HR 运营工作的人员不被重视。这样做的结果是，被边缘化的 HR 运营人员会选择离开企业。还有一种错误是，在对 HR 运营人员的管理上，没有将业务领导者和其他员工对相关工作的参与责任和成果承诺同时纳入管理。

保持业务聚焦

在做所有的考量时，HR 运营人员必须始终聚焦，保证业务逻辑与企业整体业务组合的逻辑一致。不管企业的业务是单一的还是多元的，或者是控股公司，HR 管理都必须保持聚焦，使企业整体的业务逻辑成功实现。

衡量贡献

由于 HR 运营是以项目和执行力为导向的，衡量绩效时也应该基于项目和执行力。

当 HR 运营人员确保将 HR 投资转化成实现 HR 愿景和目标的组织能力时，这个运营执行模块将变得更加清晰。

结论

本章中，我们提出了用两步骤法来重新设计 HR 部门。首先，要有一个对 HR 战略的清晰陈述。这个陈述可以来源于对三个问题的回答：我们是谁？我们能创造什么价值？我们为什么这样做？这个陈述构成了 HR 工作进一步转型的基础。其次，重新设计 HR 部门意味着理解战略性工作和事务性工作的区别。这为确立完成 HR 工作的五个模块提供了一个基准，然后就可以按照为业务创造最大价值的方式安排 HR 工作模块。当所有五个模块职责被定义、功能被实现时，HR 部门的重新设计就向前进了一大步。

第 5 章

HR 转型的方法

要进行 HR 转型，首先要确定 HR 部门的战略和架构，然后再着力于提高 HR 部门的工作成效。本章基于以下两个维度给出 HR 转型的路径图：

- 内容：HR 工作是什么？
- 过程：如何提升或再造 HR 工作？

如图 5-1 所示，综合这两个维度可以从总体上了解 HR 如何开展转型。

优化 HR 实践		过程：提高或再造 HR 实践的途径		
		匹配	整合	创新
内容： HR 实践的类别	员工			
	绩效			
	信息			
	工作			

图 5-1 优化 HR 实践的路径图

图 5-1 各行显示，我们将 HR 工作归为四种类别：员工、绩效、信息

和工作。这种分类综合考虑了当前和未来典型的 HR 实践中存在的复杂性和多样性。如约翰·布德罗（John Boudreau）和彼得·拉姆斯特德（Peter Ramstad）所说，HR 管理要想成为一门决策科学，上述四个方面的 HR 实践都需要进行完善，也需要展开和汇总系统性研究。再看上图各列，这是我们提供的三种再造 HR 实践的途径：匹配、整合和创新。综合横向和纵向两个维度，就形成了优化 HR 实践的蓝图（或者说路径图）。所谓 HR 转型，就是要通过匹配、整合和创新等途径来全面提升 HR 实践的各个方面。第 1 章曾经提到，如果对 HR 实践的内涵定义过于狭隘（例如，只关注"员工"，或者是以精英人才为主，或者是针对所有员工），HR 转型的效果将受到制约；同样，如果 HR 实践虽然与战略相匹配，但却未成为一个整体，这也会影响 HR 转型的效果。

HR 工作：HR 实践的四种类别

一说到 HR 工作，人们往往会想到活动、体系、流程、决策或方案。我们觉得更应该将 HR 工作看作一系列 HR 实践的集合，因为单个实践活动是在某个方面不断学习的过程（如练习弹钢琴或运动）。单个实践活动也可以是某个专业领域的活动（如学习法律），而最佳实践是指成果优于其他一些活动的实践。HR 转型可能意味着要在多达 120 项单个 HR 实践方面做出改变。在《人力资源管理价值新主张》（*The HR Value Proposition*）一书中，我们将 HR 工作内容归为四类，分别代表了对组织成功起着关键作用的资源流或工作流程。

- 员工流：是指员工这种组织的关键资产在组织内部内会经历什么，包括在员工入职、调动、晋升和离职等环节。适当关注员工流，可确保组织能够获得那些能帮助其实现组织战略的人才，并能不断发展出自己所需的人才。

- 绩效管理流：是能将员工与工作关联起来的那些工作标准和衡量措施、物质和非物质报酬、能够反映利益相关者需求的工作反馈等。通过定义、记录及奖励绩效，以及惩罚绩效不佳等方法，适当关注绩效管理流，促使员工对绩效结果承担责任。
- 信息流：员工完成工作所必需的信息有哪些，以及他们如何获得这些信息。信息可以向上、向下或平级流动，也可以从外部流入组织或由组织流出。适当关注信息流，可确保员工能够了解正在发生什么，以及为何会发生这些事情，并且能够知道自己应该怎样去创造价值。
- 工作流：组织中的各项工作由谁完成、如何完成、在哪里完成，通过业务流程、运营流程将个人努力融入组织产出中，并使得各项工作得到支持。适当关注工作流，可提供有效的管控关系、问责体系，以及确保高质量工作成果所需的物理环境。

HR 实践的变革需要我们能够及时察觉上述各类实践的最新动向，并根据动向及时修正。在当今的 HR 管理领域，人们往往倾向于将上述四类分开或孤立地去考虑。例如，某公司可能在人才管理（招聘、发展、保留员工）上有所投入，却没能投入时间、精力和资源去确保员工获得能够产生高承诺、高绩效所必需的公司内外部的信息。除非在上述四类的 HR 实践上保证一致性、整合性及创新性，否则 HR 转型就不会完整。在有 HR 领导者和 HR 专业人员参与的研讨会上，我们发现，只有那些顶级公司意识到紧密合作可能产生协同增效。例如，最近在英国航空公司（British Airways）的会议上，分别来自四大内容领域的专家发现有多种方式可以用来实现员工安置（员工）、薪酬福利（绩效）和组织发展（工作）之间卓有成效的合作。如果对 HR 工作内容的定义过于狭窄，就必然导致 HR 转型所覆盖的范围变得十分狭窄。

人才实践：员工流

人才实践是指组织内的人才。人才管理是一个系统性的流程，通过有针对性地培养、维持员工的能力，从而帮助企业传递战略。简单地说，拥有更好人才的企业会更加成功。现今已涌现出了各式各样人才计划和投资项目，以吸引、挽留和升级人才。不过有时候，企业在明确了人才的重要性之后，却很容易迷失在各种"承诺""项目"和"流程"中，而忽略了"人才"最基本的要求。对此，我们提出了一个看似简单的人才公式，可能会有人说我们过分简化了，但这个公式能够帮助变革人才实践：

$$\textbf{人才} = 能力 \times 认同度 \times 贡献^{\ominus}$$

能力

能力是指个人拥有完成当前（或将来）工作所需的知识、技能和价值观。有的企业将能力定义为"合适的技能、合适的位置、合适的工作"。显然，能力非常重要，因为能力缺乏将导致决策失误。不过如果没有认同度，能力将大打折扣。能力强但对企业没有认同度的员工，虽然很聪明，却不会努力工作。与能力有关的HR实践变革包含以下四个步骤。

步骤1：梳理能力的原理或设立能力的标准。要培养员工能力，首先要确定完成未来工作任务所需要的能力。以往的做法是，比较高绩效员工和低绩效员工的能力差别，然后提炼出曾经奏效的能力；如今确定能力标准的做法是，通过了解未来客户的期望来提炼当前员工需要的能力。无论是在企业哪个层级中的HR，都应引导大家进行以下讨论：

- 我们企业内部当前具备哪些社交能力和技术能力？
- 我们企业正面临哪些商业环境的变化？正在进行什么样的战略应对？

$\ominus$ 此公式被戴维·尤里奇称为"人才3C公式"，即：人才 = 能力（competence）× 认同度（commitment）× 贡献（contribution）。——译者注

- 鉴于未来的环境和战略选择，员工必须具备哪些技术能力和社交能力？

通过这些问题的引导，HR 专业人员可以帮助总经理建立一种能力理论或观点，进而设定一系列的员工能力标准。一旦总经理建立了基于未来客户期望的员工能力模型，他们就会引导员工去了解、完成正确的事。评估员工能力标准最简单的方式就是去询问目标客户或关键客户："若我们的员工符合这些标准，您是否对我们企业更有信心？"如果客户的回答是肯定的，那么这个能力模型就是合理的；如果客户的回答是否定的，则还需要修正。

步骤 2：评估个人和组织。有了合适的标准，就可以对员工是否满足这些标准或者满足的程度进行评估。近年来，大多数人才评估都会同时评价结果和行为。能干的员工能以正确的方式实现工作目标，而所谓正确的方式，就是在步骤 1 中所说的能力标准。针对这些行为，可以让员工自评，也可以通过他人（包括下级、平级和上级）进行 360 度评估。为了对员工的各方面进行全面评估，也可以请组织外部的人员参与评价，如供应商、客户、投资方、社区领导和其他外部利益相关者。这样一来，就将 360 度评估变成了 720 度评估（内部 360 度 + 外部 360 度 =720 度）。这种评估方式不仅能帮助员工了解自己需要改进哪些行为，也能在"如何设计和实施 HR 实践来提升人才能力"方面，为组织提供非常有价值的信息，同时，还帮助员工将他们的工作任务与那些能最终决定企业价值的外部人员关联起来。

步骤 3：在人才优化方面进行投资。个人能力与组织需求间的差距可以通过人才（能力）投资来解决。我们在研究中发现，提升人才能力的投资方式共有六种：

- 购买（buy）：为组织招聘、物色并确保新的人才进入企业。

- 培养（build）：通过培训、工作历练或生活经验帮助员工成长。
- 借用（borrow）：借助咨询师或合作方为组织引入知识。
- 晋升（bound）：将合适的人晋升到关键岗位。
- 淘汰（bounce）：将绩效不佳者调整岗位，如果在任何岗位上都绩效不佳，就让其离开企业。
- 保留（bind）：留住最好的人才。

如果 HR 能够在上述六个方面有所作为，那就是在帮助个人和组织为未来的人才进行投资。

> **工具 5-1　6B 工具概述**
>
> 可通过如下方式获取更多有关 6B 工具的信息及其他资源，帮助你将 HR 实践与企业战略结合起来。
>
> 详情请登录网站 www.TransformHR.com。

步骤 4：追踪能力轨迹。仅仅渴望人才并不能得到人才。从根本上讲，需要有人才管理的措施来跟踪员工技能提升及组织人才梯队发展的情况。对于员工个人，可以追踪他们下一个职业发展目标和所需能力；对于组织，可以追踪关键岗位后备人才的准备度。通常，人们会评估一个领导者为企业挣了多少钱，其实也应该评估他们为企业培养了多少人才，而不是使用了多少人才。

这四个基本步骤将帮助 HR 专业人员和总经理在组织中改善人员或人才质量。

认同度

仅有能力是不够的。认同度是指员工愿意为企业的成功贡献自己的能量，不过前提是企业需要向员工传递基本的员工价值主张：为组织贡献价值的员工将会得到企业的价值回报。如果企业认为员工能够用正确的方式达成结果，那么员工自然就拥有了为组织贡献价值的能力。

贡献价值的员工理应得到价值回报。在很多关于员工敬业度的研究中，研究者已经识别出员工能从工作中得到哪些回报。几乎所有的咨询公司都设有敬业度指数，它类似一个脉冲检测，可用来跟踪员工的敬业度。总的来说，这些工具都表明，如果组织能够给员工提供以下几项内容，那么员工对企业的认同度会更高：

- 愿景（vision）：方向感或目标感。
- 机遇（opportunity）：成长、发展和学习的机会。
- 激励（incentives）：公平的薪酬待遇。
- 影响（impact）：能够看到工作的结果或效果。
- 群落归属（community）：在目标、身份、经历等方面拥有共同性的同事、上级和领导。
- 沟通（communication）：能够了解工作的进度和目的。
- 创业精神或灵活性（entrepreneurship or flexibility）：在合作的条款和条件方面允许在一定的范围内自由选择。

当组织中存在这七个方面的内容时，我们可以说有了员工的"声音"（VOI^2C^2E）。他们对工作的投入表现在：准时上班，工作努力，并能完成期望他们完成的工作任务。认同度（而不仅仅是满意度）可以通过认同度调查或生产率指数来衡量。

工具 5-2　VOI^2C^2E 概述

获取更多关于利用 VOI^2C^2E 模型的信息和其他资源，可帮助你为员工提供支持和力量，从而使他们能为其他人提供支持。

详情请登录网站 www.TransformHR.com。

贡献

我们发现下一代员工可能能力不错（能够胜任工作），对企业也有认同度（愿意工作），但是除非他们能通过工作为企业的发展做出实际贡献（找到工作的意义和使命），否则他们对工作的兴趣会逐渐消失，才华也会慢慢衰减。我们有个同事毕业于世界知名商学院（能力的象征），有一份理想的工作，她愿意努力工作（认同度），但是入职一年后，她辞职了。她喜欢这份工作，也愿意付出努力，可惜那份工作并没有满足她的发展需求。

近年来，很多人发现先前按照传统方式满足了员工需求（包括家人、社区、兴趣群体、宗教）的企业正在举步维艰。员工每天工作时间更长，科技手段的使用渐渐混淆了工作和生活之间的界限，企业需要明白如何帮助员工满足自我的需求。当员工通过组织满足了自己的需求时，他们才会认可自己正在做出的贡献并发现生活更加充实。

我们综合了积极心理学、发展心理学、个人激励、个人成长、高绩效团队和组织理论的成果，分析了组织和管理者帮助员工充实工作的办法，结果发现，假如管理者能帮助员工回答下列八组问题，员工就能意识到自己所做的贡献，并感受到充实感：

- 我是谁？如何实现员工个体与企业声誉之间的融合？
- 我的发展方向在哪里？为什么要朝这个方向发展？组织如何能帮助员工实现自己的目标？
- 我和谁同行？组织如何建立互助圈子，让员工紧密团结在一起？
- 我的心理素质和道德修养如何？组织在构建基于谦卑、服务、宽容和感恩的（而不是基于敌意、自利和政治的）积极的工作环境方面做得如何？
- 我喜欢接受怎样的挑战？这个组织如何帮助员工找到简单、有趣而又富有能量的挑战机会？

- 我如何获得资源？组织如何帮助员工管理健康、成长空间和财务等方面的需求？
- 我快乐的源泉是什么？组织如何帮助员工获得快乐？
- 我如何应对变化？组织如何帮助员工处理变革时的各种变化？

当员工在经理的帮助下，通过积极参与组织的活动找到这些问题的答案时，员工就会找到生命中的充实感，并认识到自己为这个世界更加美好做出了贡献。

对人才实践的总结

在人才等式里，能力、认同度和贡献是相乘而非相加的关系，缺失任何一项，其他两项都无法弥补——100万乘以0依然是0。因此，即使员工对工作很投入且有所贡献，但如果能力低下，也会降低人才得分。有才干的员工必须拥有良好的技能、坚强的意志和明确的目标。他们必须能干、认同企业，而且能提供切实的贡献。简单来说，"能力"在于头脑（能够做到），"认同度"在于四肢（实际行动），"贡献"则在于内心（用心和成效）。HR领导者如果能够拉上他们的总经理一起来识别出这三个要素，并全方位提升它们，就能更好地管理人才。

绩效实践：绩效管理流

绩效实践可将希望实现的成果转化为可量化的目标和措施，鼓励员工实现这些目标。绩效管理最基本的原则包含有可核查性、透明、完整和平等。可核查性意味着绩效管理实践应该确保个人和团队的行为及产出指向清晰的目标；透明意味着物质和非物质方面的回报规则是可被理解且公开的；完整意味着绩效管理实践涵盖企业成功所需的整个范围内的行为和目标；平等意味着多劳者多得。绩效管理实践按照这些原则变革时，就能帮助企业创造价值。绩效管理实践的变革按以下四个步骤进行：

步骤 1：明确战略和优先级——了解需要做什么

有时为了应对复杂的商业环境，企业战略也变得复杂起来。绩效管理的第一步就是要明确组织的战略、绩效优先级以及期望实现的目标。最近，我们受邀参加了一个为期三天的战略非现场会议，并被安排在第三天发言。第一天，高管团队用 150 页的 PPT 回顾了他们的财务目标；第二天，他们用相同数目的 PPT 回顾了相关客户；第三天，我们本来也可以用 150 页 PPT 来讲人员和组织，但是我们要求每个与会人员回答最基本的问题："用不超过 20 个字描述一下你的企业战略。"当要求人们简化关于财务和客户的复杂陈述时，他们才能够形成清晰的认知和共识。在实施企业战略的 HR 实践前，我们需要先对战略进行明确界定，我们称这个过程为创造战略故事，即用简单而清晰的语言介绍企业将要做什么。

步骤 2：设定标准——定义衡量的标准

我们经常衡量那些容易衡量的，而不是应该衡量的。一旦澄清了战略，就能设定与之相符的标准和衡量方法。下面这些问题对设定合适的标准颇有作用：

- 如果这种战略是有效的，就会出现更多的＿＿＿＿＿＿＿、更少的＿＿＿＿＿＿。完成填空可以引导你确立与战略有关的可量化标准。
- 如何平衡个人和团队的行为及成果的标准？这一问题帮助我们在既定战略下权衡合适的标准。
- 应该设定哪些关键指标？这个问题能让我们在既定战略下专注于最重要的标准和指标。
- 我们应该设立怎样的挑战性目标？这个问题为未来可能取得更大的成就设定标准。

由谁设定和监控这些标准？这个问题聚焦在设定标准的流程上，通过这个流程明确谁应该对标准设置过程负责。以上问题帮助我们聚焦于正确事情的标准，并对这些标准负责。测试绩效管理标准是否正确的简单方法，就是请客户、投资者或者他们一起来做测试。假如你给这些主要的外部利益相关者展示了你所设定的标准，如果达到这些衡量标准，他们是否会因此多购买你们的产品或者投资你们的企业？如果答案是肯定的，那么你设置的标准衡量了正确的事情；如果答案是否定的，你的标准就有偏差。

步骤3：设计薪酬激励——受到员工欢迎或者导致员工不满

当员工达到你的标准时，就要给予物质和非物质的奖励。正如布鲁斯·埃利希（Bruce Ellig）指出的，物质奖励有经济、心理和社会效应，它们对不同员工的重要性不同。从经济层面来看，金钱能让员工建立一种满足他们需求的生活方式；从心理层面来看，金钱能给人以价值感和自尊；从社会层面看，金钱能确定群体中个人的实力、角色和地位。物质奖励方式的变革意味着在下列三种类型的收入中进行选择：

- 短期给付的现金。基本工资或现场现金报酬能让员工建立并维持生活。基本工资一般能反映员工在组织中的任期、头衔和绩效。
- 绩效奖金。这是指基于短期的或重大的一次性绩效贡献的现金奖励，形式多样。最常见的中期奖励是销售提成，经证明这种奖励在很多岗位上都非常奏效。奖金一般是全部现金报酬的10% ~ 150%，这使相当比例的收入具有了不确定性，从而降低了常见的员工追逐短期工作成果的风险。
- 长期股权。长期股权是指优先认购股权（不管市价多少，都可以按照固定的价格买入股票的权利），使得员工可以随企业市值的增加而获得财富。股票价格越高，认购权的价值越高。

非物质奖励也是绩效管理实践变革的一部分。这些奖励包括地位的象征（办公场所、头衔）、劳动力政策、福利（医疗和教育）、礼宾服务（交通、汽车服务）、参与曝光度高的重要项目、获得权力和影响力，以及其他不以物质给予员工的奖励。对非物质奖励而言，相比随机或平均分配，根据员工工作达标情况而有所差异化，效果会更好。

步骤 4：跟进——建立绩效管理的长效机制

跟进——不仅针对过去活动提供反馈，还针对未来需要的内容提供马歇尔·戈德史密斯（Marshall Goldsmith）所称的"前馈"，这对于绩效管理都非常重要。没有真诚的自我评估，没有人能够进步。跟进有以下几种方式：

- 非正式谈话。非正式谈话没有需要用到表格和程序的正式评估程序那么繁杂，却更有效。找一个比较随意的环境——打篮球时、在走廊里相遇时或者吃午饭时——提出绩效讨论，也能形成一次有成果的谈话。这有助于使绩效管理变成企业中的一种生活方式，而不是"在不自然的地方发生的不自然的事情"（我们的同事史蒂夫·克尔所说）。
- 提供数据。眼见为实，要提供整个企业和员工所在部门的收入、利润和客户占有率等相关的表单和图示，提供需要改正的个人行为的具体例证。
- 让员工自己得出结论。当企业共享数据并询问员工的想法时，数据会更有意义。当员工自己获得启示时，他们会为改进结果而更积极地投入工作。所以，提出问题能比给出答案能引出更多的想法。
- 不要只命令员工做什么，而是要解释为什么要去做。当员工理解了决策背后的原因，他们才会接受并去执行。相比那些只被告诉要做什么的员工，那些理解为什么要做某事的员工会更愿意努力去完成。
- 坚持完成。跟进很难，HR 的角色就是要确保给员工提供反馈成为每个管理者或团队领导绩效评估工作中的一部分。

在绩效实践变革过程中，上述四个步骤都可以提升绩效管理的水平。

沟通实践：信息流

企业必须管理来自客户、股东、经济管理、技术、人口统计的信息，确保员工了解并适应外界的变化。企业还必须管理组织内部横向和纵向的信息流。HR 对人员和流程有职业敏感性，非常适合推动这两种信息流。

信息流关注企业内外部如何进行沟通。在变革沟通战略时，要回答下列五个问题：

- 消息的内容是什么？明确你想要传播的消息内容，这意味着要保持消息简单扼要。
- 谁应分享这些消息？选择最有效的消息发布者：高层管理者或当地管理者，或者两者都是。
- 谁应接收这些消息？确定需要聆听这些消息的对象：不同层级的员工或外部的利益群体（客户、投资者、社区、员工家属），或者两者都是。
- 什么时候分享这些消息？分享时机很重要。如果员工是从媒体上了解到企业重大声明，而不是管理层直接告诉他们的，员工就会对企业产生疏离感，导致士气低落和认同度下降。
- 我们如何共享这些消息？决定发布消息的方式。通过人际传播（一对一的谈话或不同规模的会议），或是通过非人际传播（企业网站或广播）。

上述五个问题都确定后,信息实践便转化为通过有意义共享一致的信息。信息实践可以同时在企业内部(从上到下、从下到上、水平方向)和企业外部(与客户和投资者之间)传播信息。

信息实践的变革,有助于所有利益相关者知晓组织内发生的事情及其原因。共享一致的信息会帮助创建一个组织内部共享的议程,提升组织整体运营效率。

工作实践:工作流

组织必须管理订单履行过程中产生产品需求或服务需求的工作流,确保合约责任被履行。为此,把目标分配给个人和团队、设计合适的工作内容和组织架构,从而把不同的产出整合为统一的合作性目标。设计工作流程,创造良好的物理环境,以促进工作有效、高效地完成。HR 专业人员非常适合于协助这一流程各方面的设计和实施。

第一个难题是组织设计。这里的任务是要确保组织设计方向是由企业战略选择决定的。我们在图 5-2 中也说明了这一点。

> **工具 5-3　战略评估工作表**
>
> 下载一份战略评估工作表。
> 详情请登录网站 www.TransformHR.com。

图 5-2 左侧是单个业务单元的战略选择,而右侧是控股公司的战略选择。大多数企业处于中间,有一定程度上的多元化。

除组织设计外,HR 转型还需改善工作流程、管控体系和配套的实体环境。流程改善意味着 HR 可以帮助企业再造业务流程,这些变革措施意味着与客户、供应商、经营者服务相关的工作变得更加流程化和精简化。正如本书第 4 章所阐述的,HR 可以引导并推动组织内部讨论如何减少低附加值的工作,包括冗余的流程、无效的会议、无意义的文书工作和报告，以及耗时耗力的批复程序等。

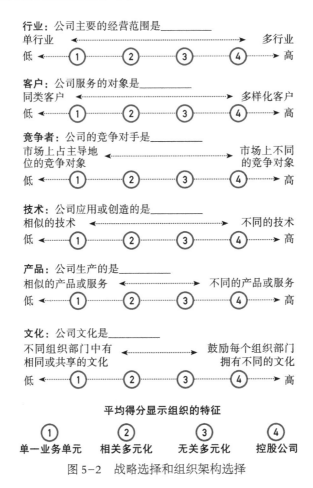

图 5-2 战略选择和组织架构选择

管控，是指组织内如何制定和实施决策。它可能涉及自上而下或自下而上的决策模式。管控体系还包括决策的速度、决策是从短期角度还是从长期角度制定的。HR 可以帮助管理层界定哪些决策的制定过程是比较好的。这意味着要为下列问题寻找答案：谁拥有决策的相关信息？谁为决策负责？谁负责执行？如何在决策制定过程中将这三类人组织起来一起做出关键决策？

与工作配套的实体环境要解决的是空间问题。有时候，它与墙面、办公空间和位置安排等因素有关——可能是模块化而灵活的，也可能是固定而受限的。有时候，它还与照明、图片、颜色以及其他办公布置有关。物理空间不仅能够体现组织文化，还能影响人们合作的方式。

总之，可以通过变革 HR 工作的四种信息流——员工流、绩效管理流、信息流和工作流——来驱动 HR 工作成果的实现。有些企业变革了其中一两项，却忽略了其他。这就好像一辆汽车有一只打满气的轮胎和三只瘪了气的轮胎一样，它是跑不起来的。

过程：优化 HR 实践的途径

HR 实践的变革有三种方式：匹配、整合和创新。

匹配

HR 实践要取得成效，需要与组织的战略相匹配。要使组织获得成功，需要明确必需的组织能力（见第 3 章）。企业是否有明确的战略宣言以及实施战略必需的组织能力？如果答案都是肯定的，接下来的问题就是，每一项 HR 实践在多大程度上支持了组织能力的发展？考虑到外部环境变化的速度和内部变革现有流程所需的努力程度，有一些 HR 实践和组织的战略不太匹配也就不足为奇了。优化 HR 实践的方法就是要使它们遵循同一标准：能够通过提升组织能力来驱动战略实施。假如 HR 实践与战略不匹配，那么就要停止或修订。这是 HR 转型真正的力量来源。

整合

当整个 HR 管理系统在统一的战略指导下聚焦于相同的目标时，它们就会对企业产生重大影响。如果企业的 HR 实践都已符合上述"匹配"标准，实现整合就会更加容易。企业雇用员工是因为他们掌握了特定的技能，比如技能 A、B 和 C。一旦企业的战略发生变化，HR 部门会培训员工掌握其他技能，如技能 D、E 和 F；同时，HR 部门为那些具备技能 G、H 和 I 的人员付薪，并向员工宣传技能 J、K 和 L 的重要性。

整合，意味着企业的绩效管理、人才管理、薪酬激励、沟通机制、组织设计，以及其他 HR 实践所呈现出的人力资源管理理念，是一致且始终聚焦于企业是如何管理"人"这一资产的，以及为什么要这样管理。这种理念确保从外到内的沟通能够顺利进行，确保人们能够持续关注关键利益相关者的期望。有了这种视角，绩效管理能够确保员工都理解各自的职责、工作方法和承担的责任。人才评估应该包括以下信息：员工在多大程度上完成了自己的职责，在多大程度上按照正确的工作方法行事。这些也是在制订员工学习、发展计划和薪酬激励方案时应考虑的因素。

HR 应有相应的资源去干预那些实现绩效期望有困难的部门，帮助其发展技能、重构组织架构或流程，以实现绩效期望。换句话说，HR 应该像管理其他有价值的稀有资源一样，管理员工的时间和能量。要做到这点，HR 需要整合所有能够影响员工如何分配时间和能量的实践。

要提升人力资产对组织的贡献，HR 实践必须协同增效：整体必须大于局部之和。我们的研究发现了一种令人担忧的趋势：薪酬和人才管理实践日益分离。这种趋势导致 HR 实践之间缺乏关联或者互相不匹配，这使 HR 最大化人力资本的能力大打折扣，我们的研究表明，这是真正的问题所在。在考虑要提出什么 HR 实践并设计实施方案时，要留意各个实践之间的互相关联，不能为了提高单个实践的效率而影响总体目标。

HR 转型不只是简单地优化单个 HR 实践。马克·休斯里德（Mark Huselid）和他的同事开展了一项绝妙的研究，他们识别出高附加值 HR 实践，请企业评价在这些实践中的绩效表现，然后用企业的财务数据来做相关分析，发现了 HR 实践对企业整体绩效的影响存在三个区间。首先，在低区间（0～20%），HR 实践对企业整体绩效有着可量化的积极影响，原因是先前没有 HR，现在企业领导者和员工都很高兴有了 HR 的支持；其次，在中区间（20%～75% 或 20%～80%），HR 实践的优化对企业整体绩效影响很少，甚至没有影响；最后，在高区间（75% 或 80% 以上），HR 实践对企业整体绩效有非常显著的影响。HR 领导者必须要有足够的耐心去发展整体的、战略性的 HR 实践，从而能够突破 80% 这一临界值，对企业整体绩效产生显著影响。

HR 转型不能孤立开展。我们提出的人员、绩效管理、信息流和工作流四大领域要互相协调和整合，否则就会相互孤立并产生负面影响。

创新

为了实现创新，需要了解本行业以及超越本行业的、整个 HR 领域的实践创新的最新情况。不断涌现的竞争对手在做什么，如何做的？引领业内思潮的思想家认为如何优化 HR 实践的影响力？不过，不管是实践的还是理论的创新，都必须接受考验：这项创新举措能使 HR 实践更有效增进客户关系吗？能提升其速度和效率吗？如果答案是肯定的，就应该对这一创新举措进行适应性的调整（而不是直接引用），以适合企业文化和目标的方式加以应用。有时候创新并没有效果，这是创新的风险。但是，如果你能从中学习并加以优化的话，"快速的失败"并不一定是坏事儿。

推动变革：HR 实践的战略重构

要推行 HR 实践变革，可以从图 5-1 中的内容（HR 实践四大类内容：员工流、绩效管理流、信息流和工作流）或过程（优化 HR 实践的三种方法：匹配、整合和创新）入手。要避免过分强调其中一项或少数几项内容而忽略了其他。图 5-1 中的 12 项内容全都很重要。

在 HR 转型过程中很重要的一点是，要识别出对实现既定目标最有贡献的实践和流程。针对每一工作集群，可以先列出一系列 HR 实践，使用如 HR 实践评估工作表（在 www.TransformHR.com 下载）之类的工具来评价每一种 HR 实践的成效。确定哪些做法能迅速创造效果，确保在开展 HR 转型的过程中，这些实践能受到足够的重视。

在 HR 转型时，要团结并激励内部组织、流程设计团队和 HR 领导团队，使其积极参与变革。很多企业发现聘请外部顾问重点关注规划过程也很重要，这样使得 HR 团队能够专注于与规划相关的内容。规划核心的 HR 实践、主要的 HR 系统，确定每一个实践的设计方案，明确相关联实践的预期成果和评估方式，确定突破性实践的设计理念，厘清与其他 HR 实践以及公司实践之间的关系并与之保持一致，固化设计建议和实施方案，在实施过程中随着公司内部人员和部门调整而不断调整自身的计划。最后，要确保每一项 HR 实践——不管是不是在转型过程中提出来的，都有明确的评估标准和评估方式，以便于持续监控 HR 实践对关键组织成果所做的贡献，同时可以有效识别出后续改善措施。

> **工具 5-4　变革 HR 实践**
>
> 聆听乔恩·扬格讲述他如何帮助 HR 部门开展满足客户需求的 HR 转型，尤其要关注乔恩关于如何将客户与内部人才相连接的独特视角。
>
> 详情请登录网站 www.TransformHR.com。

第6章

提升 HR 专业人员的胜任力

从根本上说，HR 的转型成功与否取决于 HR 专业人员的素质。企业对 HR 专业人员的门槛要求越来越高，HR 转型面临着种种挑战，比如理解整体商业环境（第一阶段），确定与业务相关的重要成果（第二阶段），以及重新设计 HR 部门及在当前形势下最佳的 HR 实践（第三阶段）。过去 HR 专业人员的胜任力标准已经不足以应对当今的新挑战，过去的成功法宝在面对本书中所提到的那些新挑战时已难以奏效。本章我们将详细阐述在第 5 章中介绍的构建 HR 胜任力的四步模型。

步骤 1：阐明理论、设定标准。确定 HR 专业人员获得成功所需要达到的标准。

步骤 2：从个人和组织两个层面进行评估。确定方法，以评估 HR 专业人员的工作成效在多大程度上满足或无法满足所需标准。

步骤 3：人才投资上的能力提升。通过发展工具组合，提高 HR 专业人员的胜任力。

步骤 4：持续跟进。因应不断增长的期望，开发出方法论，以使 HR 专业人员能够应对面临的新挑战。

按照此模型，我们就可以塑造 HR 专业人员的胜任力，使其满足层出不穷的新期望。

步骤1：理论和标准

关键的问题是：什么才是 HR 专业人员获得成功所需达到的标准？

定义 HR 专业人员的成功标准，是我们在 20 多年研究生涯中探究的主要课题。我们发现了一些决定工作成效的关键要素。我们考虑过 HR 角色（身份和声望）、HR 活动（从事的日常工作）、HR 胜任力（知识、技能和能力）等因素，认为 HR 角色和活动的结合塑造了 HR 胜任力，如图 6-1 所示。

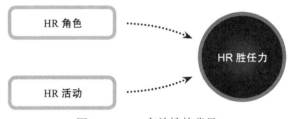

图 6-1　HR 有效性的背景

我们建议企业将 HR 专业人员发展的重点集中在 HR 胜任力上（我们认为胜任力主要包含角色和活动）。我们也知道，有些企业更愿意以角色或活动来定义什么是有效的 HR。如果一家企业想要提高 HR 专业人员的声望，从 HR 角色入手是个很好的开端；如果企业想要改善 HR 专业人员日常的工作，从 HR 活动入手也是一个不错的起点。然而我们认为，无论哪种情况下，HR 胜任力都是由角色和活动两方面决定的。因此，我们会着力于通过我们所研究和评估的 HR 胜任力来界定有效的 HR。

本章我们先简单介绍 HR 专业人员的角色和活动，然后重点阐述 HR 专业人员的胜任力。

HR 角色

我们优化了对于能够创造价值的 HR 专业人员的角色定义，但基本概念并无不同。"角色"代表着个体自己或他人眼中的自身的身份或形象。对于"角色"这个概念，可以通过补全下面这句话来理解其实践意义：作为一名为企业创造价值的 HR 专业人员，我必须要成为一个 ＿＿＿＿。

在撰写《人力资源转型》（*HR Champions*）一书的原稿时，我们定义了 HR 的四种角色，每种角色都与 HR 专业人员所应产出的一项成果息息相关：

- 员工支持者：专注于帮助员工提升胜任力、产生认同感，发掘自己的贡献。
- HR 效率专家：高效率地完成各项 HR 实践。
- 变革推动者：帮助组织适应新的环境条件。
- 战略合作伙伴：使 HR 实践与企业战略保持一致。

在 HR 组织中，这四种角色必须都起作用，只有这样，HR 专业人员才能够真正创造成效。当然，个别 HR 专业人员可能擅长某一种角色，而对其他三种角色只能起到支持的作用。有些 HR 领导者在带领 HR 团队向着战略和变革的角色努力时，可能会忽略员工支持者和 HR 效率专家的角色，这就可能影响到 HR 在组织中的公信力。倘若 HR 连最基本的角色都无法胜任，就更不可能在影响组织战略方面充分发挥作用了。

过去 10 年间，商业环境发生了重大变化，HR 专业人员的角色也不断演变。我们将这四种最原始的角色（见表 6-1 中第一列所示）演变成表中第二列中所示的五种角色。

HR 专业人员是员工代言人，负责确保员工和雇主之间是双赢互惠的关系。如今，除了为员工代言，他们还作为人力资本开发者，负责建设预备的人才梯队。HR 专业人员也是职能专家，负责制定并实施体现个人能力、提高组织能力的 HR 实践。作为战略合作伙伴，他们帮助各层级的业务管理者实现目标。HR 专业人员在和业务管理者合作的过程中，带来自己在业务、变革、咨询和学习方面的专业知识和技能，共同创造价值。为了集各种角色于一身，他们必须成为真正的领导者，赢得本部门和其他部门的信任。只有当这五种角色在 HR 部门内都发挥作用时，HR 专业人员才更有影响力。

表 6-1 HR 角色的演变

20 世纪 90 年代末	21 世纪第一个 10 年末	对 HR 角色认知的变迁
员工支持者	员工代言人 人力资本（HC）开发者	员工对组织的成功发挥着日益重大的作用。员工代言人关注员工的现状 人力资本开发者专注于员工如何为未来做好准备
HR 效率专家	职能专家	HR 实践是 HR 价值的核心。有些 HR 实践是通过提高行政效率（比如依靠技术的力量）实现的，还有一些是通过政策调整、功能更新、流程干预实现的，这大大强化了 HR 职能专家的作用
变革推动者	战略合作伙伴	身为战略合作伙伴，有多重身份：业务专家、变革推动者、知识管理者和顾问。变革推动者只代表了战略合作伙伴的一部分角色
战略合作伙伴	战略合作伙伴	囊括了之前被认为是战略合作伙伴或变革推动者这两种角色的全部功能
	领导者	领导力就是集所列举的四种角色于一身。但是，作为 HR 领导者，还需要领导 HR 部门与其他部门合作，确保企业治理有序，并且监控整个 HR 体系

资料来源：Dave Ulrich, Human Resource Champions.

HR 活动

HR 的日常工作集中在那些构成 HR 专业人员日程表的诸多活动中，这些日程通常包括了个人面谈、团队会议、现场考察、专题讨论乃至个人反思总结等。我们发现，HR 专业人员的活动可分为四类：教练、架构、设计与交付、促动。

教练

近年来,"教练"(coaching)已经成为 HR 领域的一项运动,甚至算得上一项时尚了。HR 专业人员(包括外部顾问)为业务领导者提供教练辅导,帮助他们反思并改进绩效。我们可以清晰地看到两种截然不同但又相关联的教练模式,即行为教练和结果教练。基于行为的"教练",聚焦于领导者做什么和如何做;基于结果的"教练",则聚焦于帮助领导者厘清他们想要交付的成果。在与工作伙伴的日常互动中,HR 专业人员通过获取信任、仔细聆听、理性提问并提供客观公正的观察来为他们提供教练辅导。

架构

建筑师会将人们的生活方式和生活经历内化在具体有形且持久经用的房屋架构中。HR 专业人员作为组织的架构师,要将普遍通用的理念转化为组织行动方面的蓝图——具体可行且立足长远的蓝图。HR 专业人员持续找寻战略议题,并预判其对组织议程的影响。HR 专业人员对组织进行诊断,调整组织模式使之符合企业战略。在日常工作中,HR 专业人员经常要面对紧急挑战和危机,但他们应该保持警醒,将要建立起更宏大的组织整体构架这一目标放在首位。

设计与交付

HR 专业人员设计并交付整个 HR 实践体系。正如我们在第 5 章里讨论的那样,HR 专业人员需要将 HR 实践与企业战略目标进行匹配、整合和创新,从而为企业的成功做出贡献。为了完成 HR 实践体系的设计与交付,HR 专业人员需要掌握最新的理论、研究和实践。他们要能够将通用的原则应用到具体的环境之中。很多 HR 的日常工作是在紧急救火状态下完成的,如果这些工作能够通过系统的 HR 实践来完成,那么 HR 的效率、效果必然可以得到持续的提升。

促动

作为促动者，HR 专业人员既要能够适应宏观层面的变革，也要能够与微观层面的变革同步。在微观层面，他们要促进协调团队会议和规划讨论；在宏观层面，他们需要推动促进大规模的系统变革。在很多组织中，变革的愿望强于变革的行动。要想在组织内部进行变革，不但要关注变革什么，还要关注变革过程怎么管理——如何使变革得到理解和支持。作为促动者，HR 专业人员不仅要在"让员工明白什么是需要变革的"方面提供帮助，而且要推动这些变革真正启动。HR 专业人员在与员工的日常互动中，对于促进重要工作时点应该有所计划，知道在多种多样的那些活动当中哪些是可以促进变革的重点，并且知道如何通过这些促动点推动组织不断地向长远成功前进。

当 HR 专业人员在进行教练、架构、设计与交付、促动等工作时，他们将自己从一个被动的员工跟屁虫转型为积极主动的贡献者。当然，他们必须处理好那些日常琐事的需求，但同时，他们也应该在更广的范围内为组织成功做出自己的贡献。

HR 胜任力

我们已经将 HR 的角色与活动结合起来整合为一个严密的 HR 胜任力框架。最近 20 年，借助 HR 胜任力研究项目（HRCS），我们经常评估那些让 HR 取得成功的素质。在 2007 年进行的最近一轮研究中，我们已经从全球过万人的数据中识别出 HR 专业人员所需具备的能力素质。我们的发现归纳如图 6-2 所示。

图 6-2 表明，要成为一名成功的 HR 专业人员，既要管好"人"（企业中人的维度），也要管好"业务"（掌握好业务的需求）。在这两个维度，我们的研究识别出有助于在 HR 职业中成功的 6 项胜任力。

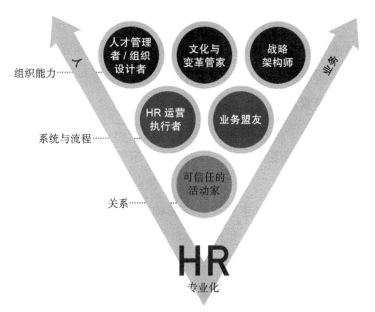

图 6-2　HR 的关键属性

工具 6-1　HR 胜任力概要

最近 20 年，戴维·尤里奇和韦恩·布罗克班克汇集了世界上关于 HR 胜任力的最大数据库，这些胜任力都对企业成功有积极的影响。你可以听到由韦恩·布罗克班克介绍的最近一轮的数据收集情况以及他对 HR 专业人员的意义。

详情请登录网站 www.TransformHR.com。

可信任的活动家

最有效的 HR 专业人员应是既可被信任（令人尊重、敬佩，他人愿意听取其建议），又是积极的实干活动家（能够提供观点、立场，能够挑战假设前提），有人称之为"有态度的 HR"。可信任但不够实干的 HR 专业人员，令人敬佩但影响力很小；有活动能力但却不可信的 HR 专业人员，有想法但却没人愿意配合他们去实施。赢得他人的信任可以提高你在"人"这一维度上的位置，而积极的活动能力可以提升你在"业务"这一维度上的位置。对于转型中的 HR 来说，这两个维度都需要。作为可信任的活动家，HR 专业人员通过自身的活力、洞察力、敏感度和影响力等特质，将人的维度与业务维度联结在一起，由此创造出可持续的业务成果。

文化与变革管家

最有效的 HR 专业人员能够领会企业的文化，能够对此进行阐释并帮助塑造企业文化。所谓文化，不是由某一个事件来代表的，它是由一系列活动组成的一套"模式"。理想状态下，企业文化的建立起源应该是组织外部对企业本身的期望（企业身份与品牌），在厘清这些外部期望后，要将它们转化为企业内部员工和组织的行为。HR 专业人员作为企业文化管家，既要尊重过去的企业文化，也要帮助企业塑造新的企业文化。HR 专业人员为管理者提供教练服务，帮助他们明白自己的行动是如何反映企业文化、如何驱动企业文化的；HR 专业人员将企业文化标准融入 HR 的实践与流程之中，并使得企业文化能够切实地展现在员工面前。此外，成功的 HR 专业人员还能通过企业文化的落地、规则的制定及实施，来帮助变革覆盖组织内的每一个角落，从而推动变革。这些活动包括战略实施、项目推进或方案启动。HR 专业人员帮助企业将"所知"转化为"所行"。

人才管理者与组织设计者

最有效的 HR 专业人员熟知人才管理和组织设计领域的理论、研究成果和实践案例。"人才管理"聚焦在员工的胜任力要求以及员工在入职、晋升、轮岗、离职等环节的管理上；"组织设计"聚焦于一家企业如何通过组织架构、流程和政策夯实"组织能力"（如协作或创新），由此形成组织的运转机制。HR 专业人员应确保企业的人才管理方式和组织能力都与企业战略所需相匹配，彼此融合，运行高效。HR 管理工作不单涉及人才或涉及组织，它涉及两者的结合。好的人才如果没有组织的支持终将离开，而再好的组织如果在关键岗位上缺少了能够胜任的人才，也将难以实现业务目标。

战略架构师

最有效的 HR 专业人员能够画出组织在当前及未来的市场中要如何表现才能取得胜利的路径图。这些 HR 专业人员在企业战略的制定过程中起着重要的作用，因为他们会使战略规划能够满足上述路径要求。同时，HR 专业人员会将战略转化为一系列旨在提升组织能力的 HR 实践活动。HR 专业人员能确保整个组织的领导者按照符合战略要求的方式行动。HR 专业人员还能帮助厘清战略是如何将内部员工与外部客户关联起来的。再有，他们还要参与战略制定，确认宣导的流程，即回答"谁参与、谁负责"的问题。

HR 运营执行者

最有效的 HR 专业人员会把人员和组织管理的运营工作处理好。HR 政策需要经过草拟、修改而后实施。员工也有很多行政性事务的需求（如入职、培训、转岗、薪酬发放等），HR 专业人员要确保这些基本需求通过技术、共享服务或服务外包等方式得到高效的处理。一旦 HR 能够精准、无差错地完成行政事务工作，始终贯彻落实政策要求，那么 HR 的可信度将会大大提升。HR 专业人员要经常针对 HR 行政性流程与实践的准确性、速度以及问题响应等方面征求员工意见，随时应对来自员工的反馈。

业务盟友

企业通过设定目标，明确外部的机会与威胁，执行计划行动，从而取得业务上的成功。HR 专业人员应该了解业务运营的社会环境或背景，为企业运营的成功做出贡献。他们同时还应该知道企业是如何赚钱的，也就是我们所称的业务价值链：客户是谁，他们为什么购买企业的产品或服务，企业如何组织会利于对客户的要求做出反应。最后，他们应充分理解企业内部的业务流程，理解不同职能部门（财务、市场、研发、工程部门）的价值主张，还要理解这些职能各自的工作目标以及它们之间是如何协作的。只有这样，HR 专业人员才能帮助企业赚钱；也只有这样，这些 HR

专业人员才算是通过了"企业是如何运转的"这一问题的测试。

小结：HR 专业人员的成功标准

在 HR 专业人员的转型过程中，第一步就是弄清楚在该领域别人对你成功的期望是什么。在考虑 HR 专业人员的角色和活动后，我们识别出 6 项胜任力，以此定义成功 HR 专业人员的能力标准。这 6 项 HR 胜任力定义了如何成为一名事实上的 HR 专业人员，同时也定义了具有高影响力的 HR 专业人员应符合的期望与标准。

工具 6-2　HR 胜任力研究

请到下述网址下载一份 RBL/密歇根大学的《HR 胜任力研究》简明摘要，该摘要同时也是书籍《HR 胜任力》（2008）的第 1 章。

详情请登录网站 www.TransformHR.com。

步骤 2：评估

评估的关键在于如何判断现有 HR 专业人员的能力是否达到了我们为"成功 HR 专业人员"设定的胜任力标准。

明确胜任力标准后，HR 专业人员需要对标自身能力，形成自我认知。个人绩效表现对标胜任力标准的方法，包括正式的和非正式两种。

从非正式的角度，优秀的 HR 专业人员会不断地主动获取反馈。他们会观察别人如何回应自己；他们会通过征询他人的意见和建议而在特定的 HR 专业领域进行持续改善；他们还会进行深刻的自我反思，来判断哪些方法可行、哪些方法无效。HR 专业人员需要寻找合适的沟通模式，从而了解自己在他人心目中的形象。下列问题可以帮助你了解他人对你个人技能的非正式评估：

- 在努力完成工作的过程中,我常遇到的挑战是什么?
- 人们对我的回应态度如何?
- 哪些工作让我感觉得心应手、充满激情,并且乐在其中?
- 我热衷于做哪些工作?对哪些工作会拖延、最后处理甚至不做?
- 为了对组织内部和外部客户的提供更多附加值,哪些事情我要多做,哪些事情我要少做?
- 我最信任的人是谁?我愿意请他们给我提意见帮助我改进自己的工作吗?
- 当我收到工作相关的反馈时,我的反应是什么样的?我能以开放的姿态接受各种正面或负面信息吗?

坦诚地不断反思,能够帮助 HR 专业人员了解自己的优势和劣势。

同时,HR 专业人员也可以寻找对自己的正式评估,例如,通过人格测试或自我觉察测试进行评估。自我评估,有时是出于个人好奇而找寻来的(例如,在网上寻找那些人格测评系统的入口),有时是因为企业有正式的要求(例如,完成自我评估是企业某项制度中的一个要求)。我们发现,有效运用评估结果的关键之一是:既不要置之不理,也不要矫枉过正。矫枉过正,有可能在还未考虑评估结果是否适用于当前状况的情况下,就盲目地改变自己的行为;置之不理,则有可能因为缺乏深入思考而忽略了结果中的有用信息。需要注意的是,自发的自我评估常常存在缺陷。通常,自发的自我评估能够帮我们识别自己的优势,却不太容易暴露出自己的劣势。

所以,我们有必要从多种不同渠道收集反馈信息。360 度反馈评估因此应运而生。大多数 HR 专业人员都做过 360 度评估,从不同的利益相关者(包括同级、下属、直接上级和客户)获取对自己工作的评价。通过对这些数据的分析,HR 专业人员能够了解到别人眼中的自己,哪些是自己的强项，哪些方面需要改进。例如，我们曾经为一个 HR 专业人员提供教练辅导，他刚刚被提拔至领导岗位，但是依旧习惯于和自己的下级而不是同级交往。评估结果表明，下属给他的打分高于同级和上级给他的评分。有了这些信息，这位新晋领导者就能明白新角色需要哪些新的行为表现。

在面对 360 度评估反馈信息时，我们有如下经验可供参考：

- 分析数据、挖掘其中隐含的关于行为模式的信息，不要过分关注具体的事件。
- 定期开展 360 度评估，通过对比不同时期的评估结果监测个人能力的提升。
- 不要猜测是谁给了这个评价。
- 聚焦一两项你能够改进的行为。
- 要开展针对 HR 工作的 360 度评估，不要只注重通用领导力的评估。
- 抓住一切可能的机会与其他 HR 专业人员进行切磋比较，了解自己在整个 HR 业内的相对水平。

另外，我们还可以根据 360 度评估反馈的总体数据来对整个 HR 行业的发展趋势进行判断。有时，常规的 360 度评估也能够揭示出 HR 部门的工作模式。比如，我们发现某企业几乎没有 HR 具备成为业务伙伴的能力。360 度评估结果显示，整个 HR 团队在"了解企业业务知识"这一项上的得分低于全国平均水平。我们向该企业的高级 HR 团队反馈这一信息后，他们决定整个 HR 团队必须参加关于企业基本业务知识的培训项目。

> **工具 6-3　HR 胜任力评估**
>
> 对 HR 专业人员进行评估，将数据与企业内部标准及全球标准进行对标，确保 HR 专业人员能够聚焦那些急需提升的重要技能。可下载 RBL 的 HR 胜任力 360 度评估的报告模板。
>
> 详情请登录网站：www.TransformHR.com。

还有一种评估方法是高度基于行为的。在这种评估中，评估师都经过特定培训，他们会从 HR 个人及其多个利益相关者处收集有关这位 HR 日常行为的数据。评估师首先会与被评估的 HR 进行一次深度访谈，时间通常持续 2～6 个小时。然后评估师会聚焦在被评估者的行为模式方面，关于行为模式的信息是被评估者在日常生活中体现出来的。评估师关注行为的重点，在于了解被评估者在过往能够获得成功的因素以及阻碍他们前进的因素。这些信息还要从被评估者的 10～30 位利益相关者那里收集，通过一对一访谈的方式获取数据，主要目的是了解限制被评估者个人成功的最大障碍因素，以及推动被评估者成功的关键优势。数据收集完成后，评估师会提供一份报告，其中会列出被评估者个人的职业发展经历，说明其已具备的优势和进一步发展的需要，并提供一份高度定制化的个人发展计划。这项发展计划所包含的发展建议可能涉及非常广泛的范围，例如，从每日阅读《金融时报》到去中国休假一次，或者去寻求担当某类新任务。所有这些都是明确定位到被评估者所需要发展的某项具体能力上的。

这类评估一般是为了评判后备干部是否为担任重要的高级岗位工作做好了准备，或者是在职业生涯早期发掘有可能成为高管的高潜力员工。这类评估的参与者往往把这样的过程描述成自己职业发展中最重要、最有益的经历。

被评估者应保持开放、公平和乐于做出改变的态度对待评估的结果，这一点至关重要。假如他人向我们提出了反馈建议，我们并没有采纳并做出实际的改善，那么以后他们可能不会再向我们提出任何建议或意见。从反馈意见中我们还要发现不同的认知模式。被评估者对这些数据有最终解释权，并可以据此制订自我提升的具体计划。建议他们从最能引起他人关注的一两项行为入手做出改变。

如果你幸运地接受过这样的评估，请对标成功 HR 专业人员的能力标准，找出自己在行为和思想上的差距。需要始终铭记的是，接受评估结果，并根据它告诉你的那些信息来改进自己，这是一个要持续推进的、贯穿你整个职业生涯的过程。要意识到，不管你处在职业发展的哪一个阶段，也不管你的职位有多高，都仍然有提升的空间。

步骤 3：投资

这里的关键问题是，我们如何为 HR 专业人员的发展创造学习机会？

在明确了个体层面和整个部门层面的差距之后，下一步就是投资了。投资于 HR 专业人员意味着分配时间和资源来提高他们的技能。在学习研究领域，2006 年召开的第 21 届工业和组织心理学协会（SIOP）年会上，有学者提出，我们能够做成事情，大约 50% 是因为先天禀赋，还有 50% 为后天培养。当我们把这一假设应用于构建 HR 能力时，先天禀赋指的是聘用那些有必需的知识、技能和能力的 HR 专业人员，而后天培养指的是培育 HR 专业人员、从而使他们获得那些必需的知识、技能和能力。

企业必须首先聘用"正确"的 HR 专业人员，并且在发现错误时，解聘那些不合适的人员。聘用合适人员指的是：要确保面试官遵循严谨的面试流程，并按照统一的标准来筛选候选人。然而，即使招聘流程十分严格，有些 HR 专业人员仍然无法创造有效产出。筛选人才的努力并非无懈可击，因为情境经常变化，而一些人无法快速进步以满足新的期望。因此，解聘那些表现不佳的 HR 专业人员就成了升级企业 HR 团队的核心策略。

在解聘人员时，要确保绩效标准清晰，确保人们都知道根据哪些标准来衡量他们的表现，确保当有些人的表现持续低于标准时，领导者能果断决策，确保在再就业过程中员工不会受到不公正待遇。解雇业绩不佳的员工，等于向其他人传递了这样的信息：企业不会容忍绩效低下。这同时也让表现出色的员工相信当前领导者的判断。我们发现，一些业务管理者不相信 HR，因为 HR 让他们做出艰难的聘用与解聘的决定，但却没有在 HR 自己身上应用同样的标准。对 HR 进行投资意味着严格的人才筛选和优胜劣汰。

此外，对 HR 进行投资也意味着通过提供发展机会来培养 HR，以达到更高程度的专业化水平和更高的绩效。我们发现了三种提升 HR 的渠道：工作经验、培训经历和生活体验。

工作经验

最有效的学习方法就是从经验中学习，我们都是通过实践来学习的。我们可以用多种方式来提供在岗学习。将某人安排在一个新的岗位上可以为其提供有效的学习机会；将某人从专家中心转移到业务单元的岗位上，或者指定其完成某个创新业务项目，也可以拓展其现有的技能。

我们与一家企业合作，它们售出了一项业务并获得了大量现金。HR 高管指派一些高潜质的 HR 专业人员加入一个特别任务小组，该小组负责建立收购兼并的名册。这个任命生效的时候，企业还未曾主动考虑过特定的收购或兼并的事项。不过，HR 部门负责人意识到，企业已经囤积了大量现金，很可能在不久的将来开展兼并或收购。这一高潜质人员组成的小组最终设计出了一套全面和严谨的方法，用来评估人员和组织议题，而这可视作全面的兼并收购战略的一部分。当出现收购的契机时，这一高潜小组的信息马上就变得有用了。在这一过程中，高潜质的 HR 学习到了很多关于业务的知识，这些知识对于其自身及组织的成功都有重要的意义。

以下各项为我们发现的可以帮助 HR 专业人员扩大视野、深化经验的其他工作经历：

- 进行从业务一线到职能人员（或者相反）的岗位轮换。
- 担任教练或导师。
- 在职业发展初期就承担盈亏责任，之后调到一个大型成功企业。
- 选择承担能够经历多种文化的任务。
- 在动荡的条件下工作。
- 在兼并或收购交易中承担重要职责。
- 具有跨部门轮岗的工作经历。
- 在客户企业实习。
- 为不同的老板工作。
- 参与系列客户访谈。
- 参加投资者会议并与投资者分享企业信息。
- 参与到手头工作的附加项目组中去。

此外，为了更好地培养 HR 专业人员，在进行任务指派时，很重要的一点是要考虑地域因素、HR 替代角色及行业类别。将高潜质的 HR 专业人员安排到非传统市场上有利于帮助他们学习国际业务动态。全球工作经验可以采取加入临时项目或永久任命的形式，而好的 HR 专业人员必须要了解全球化背景下管理的奥秘。也可以考虑通过采用 HR 轮岗来促进 HR 专业人员的专业化成长，这是指在企业总部、专家中心、业务部门内部 HR 及服务中心的角色中轮岗。我们发现，HR 专业人员的职业发展不是直线的，而更像是拼图。HR 专业人员也可以通过接受一系列独特的商业挑战来培养重要的业务知识和技能，例如，创业企业和成熟业务的挑战，或者消费品和工业品销售的挑战。

工作经历对于 HR 来说具有转型的意义，它提供了新的机会、挑战和洞察力。同时，它测试了 HR 学习和适应的能力，而这可以用来预测他们未来的潜能。

培训经历

有一种常见的情况是，HR 专业人员和 HR 部门忙于培训别人如何实现角色升级，而自己往往是最后接受正式培训的。为了确保 HR 培训的最佳效果，采取下列措施会很有意义：

- 不仅要将 HR 的培训和企业战略关联，更应该和客户与投资者关联。我们曾遇到一家企业，它们的人力培训项目把客户和投资者都拉进来了。外聘学者担任培训师时，HR 专业人员会参与学习；业务管理者担任培训师时，HR 专业人员会进行实践；当客户和投资者担任培训师时，HR 专业人员则学会去做正确的事。
- 为 HR 的发展提供一个整合模型。我们一直把培训当作模范员工展示自我的平台，参与的个人非常积极且十分有动力，但整个项目并没有为被培训者提供一个整合的视角。我们应确保整个培训模块之间的自然过渡，并确保整个培训计划的成效，而不是单个模块效果的简单加和。
- 将培训当作一种经验积累，而不是临时事件。既然是经验积累，那就要做好培训前准备、培训应用和后续跟进，而不仅仅是局限于教室内的学习活动。
- 以开展团队或个人行动学习项目的形式，将真实的工作带到培训项目中。我们发现，为此类项目设定具体的收入或成本节约目标是一种有效的方法。
- 确保对培训进行详细的分析。也就是说，针对参加培训的人收集全方位反馈，或者对于可以用培训项目中所学的知识和技能解决的商业问题收集反馈。

有效的培训对那些希望更具战略性的 HR 专业人员来说，是其发展的强大源泉。我们在培训 HR 专业人员的过程中已经取得了巨大的成功，提升了他们的业务影响力。莱恩·奎因和韦恩·布罗克班克的研究表明，培训之后，企业内人员在"HR 对业务结果的影响力"这一点的感知度提升了 120% 之多。

HR 培训项目有三种形式，每一种都各有优劣。企业内部培训项目提供了为企业的 HR 团队制定统一的、以业务为导向的 HR 运行模式的机会。培训的内容依据企业的具体商业情境而定，能更加直接地针对和克服具体实施中的困难。以大学为基础的公开培训项目旨在帮助 HR 个体提升自己的知识和技能。接受培训者来源于不同的企业，这样的培训使他们有机会了解不同行业和不同国家地区的 HR 实践。前面两种传统形式的不断发展融合，逐渐形成了另一种新兴的培训形式，即几家企业各自派遣 5～7 名 HR 组成一个小组参加同一个培训项目。这种方法为学员开展广泛的最佳实践共享和基于团队的应用项目提供了绝佳的机会。

生活经验

学习也发生在个人做出抉择时。这或许包括启动一个个人化的阅读项目，HR 专业人员可以经常地阅读、写报告并将权威思想家提出的概念加以运用；参加 HR 趋势研讨会通过倾听来学习。正如迈克尔·隆巴尔多（Michael Lombardo）与罗伯特·艾兴格所指出的，好奇心强、喜欢新思想的人擅长通过观察来学习。最佳实践标准使 HR 专业人员可以把自己同那些他们尊重的人相比较，他们观察其他企业是怎么做的，然后根据自己的情况做出调整。

HR 专业人员能够在尝试新的举措中成长。你可以试试新的举措，观察别人如何反应，然后进行合适的调整。如果你好静，那么你可以练习把它们说出来；如果你习惯在做出决定前反复分析数据，那么你可以试着现场决策。这有助于你冒险（也就是让自己看起来很傻，因而首战一无所获），坚持第一次就做对经常是学习的障碍所在。当你尝试新事物时，不一定第一次就能够成功，但是如果不去尝试，你就会退缩不前。

坚持学习，这将有助于你明白自己是如何进步的，明白自己学到了什么。让自己经常处于好奇的模式下，你会明白什么东西能够做得更好。当你到餐馆、小卖部、购物中心或政府机构去时，问一下自己：这里什么能够做得更好？这些个人学习策略能帮助你养成一种学习的态度和思维模式。在实践和反馈中学习，这早已被证明是一种可以加速个人能力发展的强有力工具。

小结：HR 专业人员的学习机会

HR 知识有一个半衰期。也就是说，在 HR 专业人员"应知应会"的基础知识中，有 50% 每年都在变化。如果想跟上潮流，或者更进一步，想走在 HR 知识曲线的前面，HR 专业人员就必须向自己投资，包括在工作场合、在培训中、在他们的个人生活中。

> **工具 6-4　战略性的 HR 能力开发**
>
> 有效的 HR 专业人员能力开发包括三个关键类别：工作经验、生活经验和正式的培训/教练经历。请到下述全球领先的机构学习，该处有贾斯汀·艾伦分享领导力持续发展方面的最佳实践。
>
> 详情请登录网站 www.TransformHR.com。

步骤 4：评测效果并跟进

这里的关键问题是：我们如何评测效果并跟进以确认想法可行？

所有人才发展模型的最后一步都是评测效果与跟进。评测效果意味着跟踪 HR 专业人员的"质量"和对 HR 专业人员进行开发投资的"质量"。

我们同众多企业合作，对 HR 专业人员的能力水平做持续的 360 度评估。设定 HR 绩效基准，然后定期与其对比，可以让 HR 领导者向企业领导者说明进展。此外，测试 HR 投资产生收益的范围也很重要。工作分配会帮助人们为未来职业机会做好准备吗？HR 培训经历会帮助人们学到新东西并在行为上做出改变吗？发展经验会转换成关键的组织能力进而创造出可观的业务结果吗？鼓励个人学习会有助于 HR 专业人员拓展他们的经验，并使他们更有能力达到期望水准吗？

评测并跟进意味着 HR 转型不仅仅是发展 HR 专业人员的能力，同时还要求 HR 的发展必须是 HR 绩效管理的一部分，要求 HR 转型的目标和过程得到清晰而整体性的沟通，要求 HR 工作的组织达到最优，以传递价值。第 5 章讨论了 HR 实践的四个领域（人员、绩效、信息、工作），当它们全部被应用到 HR 专业人员转型中的时候，HR 开发行为就成为一个整体并更具可持续性。

结论

本章讨论了关于 HR 专业人员本身"质量"的转型。一个人才管理的四步骤通用模型，可以适用于你所在组织所有 HR 专业人员的升级换代，也可以用于提升你个人的 HR 技巧。我们已经同很多 HR 负责人合作，对他们的 HR 专业人员进行升级。他们运用我们提供的 HR 胜任力模型，并将其与许多各自的 HR 绩效审计相结合，以对 HR 专业人员的总体质量进行评估。根据这些信息，他们创立了 HR 学院，HR 专业人员可以借此学习如何创造价值。这些开发使 HR 专业人员在看待别人对他们向组织传递价值的理解方面，有了显著提升。

在更为个体化的层面，HR 专业人员可以运用这些理念改善技巧。例如，詹娜是一个崭露头角的 HR 领导者，她激情满怀地追求 HR 的卓越表现。当她展望自己的职业生涯时，她意识到自己需要明确并发展个人素质。她学习并研究了我们开发的胜任力模型，询问同事自己在 6 个素质项上表现的如何。她给自己最需要改进的领域排定优先级，制订了个人发展计划。几乎没有任何公开的宣示，但她的老板、客户、同事和下属开始意识到她的进步。詹娜信心大振，她开始不断接受日益复杂的任务，承担更加复杂的职责，她期望自己在职业生涯获得更大的成功。

无论是作为一个整体的 HR 部门，还是作为个体的 HR 专业人员，当期望和标准清晰时，HR 专业人员就需要自我对照评估，对未来进行自我投资，衡量自身的发展并跟踪改进。这样，他们就能够以各种方式进行转型，并因此为组织长远的成功做出自己的贡献。

第四阶段

HR 责任归属

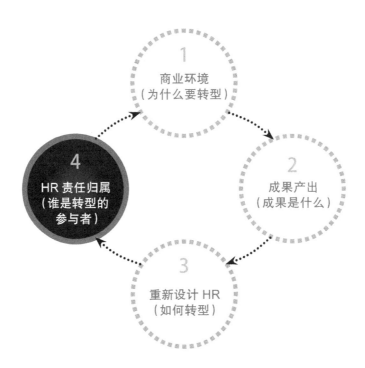

第 7 章

HR 转型的共同责任

成功的 HR 转型，需要合适的人员、在合适的时机、以合适的方式一起参与，共同推动转型。明确 HR 转型的共同责任，属于 HR 转型的第四个阶段，但它其实在每个阶段都非常关键。相关人员的参与对成功的变革管理具有重大意义。几十年社会心理学的相关研究表明，人们更愿意致力于自己亲自参与过的活动和决策。这一点对负责转型的 HR 领导者和 HR 专业人员有着重要的启示，但未必人人都能意识得到。HR 应该在转型的计划阶段就征求利益相关人员的意见，并在实施阶段前获得他们的协作承诺；如果独自闭门造车，很可能在要求相关人员转变的内容部分遭到抵制，他们对于变革中的争议或难点要素不太可能给予支持，更不用说协助 HR 部门解决转型实施过程中出现的问题了。

在 HR 转型的过程中，以下四类利益相关者应该参与进来：

- HR 领导者和 HR 专业人员：负责转型的设计并推动实施。
- 业务管理者：确保 HR 转型和企业目标保持一致，与 HR 部门一起实施转型。
- 外部客户和投资者：在相关方面为 HR 转型提供指引。
- 咨询顾问：提供 HR 转型的框架、见解和经验，指出可能存在的问题和风险。

HR 领导者和 HR 专业人员

HR 转型需要依赖 HR 专业人员的能力，以及他们与业务管理者之间的关系。如果他们无法满足大家对转型的期望，他们很快就会失去民心，失去在组织中的影响力。在转型过程中，以下四类角色至关重要：首席人力资源官、HR 领导团队、HR 部门的 HRBP 和 HR 专业人员。

首席人力资源官

任何组织的领导者都要为组织设定发展方向。首席人力资源官（CHRO）作为 HR 转型的发起人，要在转型过程中对资金、时间和人才资源进行合理分配。转型发起人需要让关键的利益相关者（包括业务管理者、董事会）知晓转型的过程和最新进展，确保相关人员切实负起责任。不仅如此，CHRO 还需要完成以下工作：牵头设计 HR 转型计划并监控其实施；确保 HR 转型计划契合组织的商业环境（第一阶段）；确定 HR 转型的工作成果（第二阶段）；明确 HR 部门、HR 实践和人员要实现的具体变化（第三阶段）并推动实施；最后，CHRO 还要确保用合适的方式稳妥且准确地监控转型过程，并确保可靠得力的 HR 专业人员能加入转型团队。与其他转型一样，HR 转型的过程也会存在一些波折，因此，领导者持续、坚定的支持对 HR 转型至关重要。

相对于从企业内部提拔的 CHRO 来说，从外部引进的 CHRO 往往更容易发起 HR 转型。那些既有规则的制定者一般都不太愿意废除或改变它们。虽然外来的 CHRO 很有可能会带来新的观点和活力，但是他们毕竟不太了解企业的业务，需要花更多的精力去了解企业，才能在有所准备的基础上发起合适的变革。在这一点上，内部提拔的 CHRO 能够更加出色地完成转型，并且能保证 HR 转型符合组织的商业环境（第一阶段），实现明确的工作成果（第二阶段）。

HR 领导团队

大多数 HR 主管都会为转型组建一个 HR 的领导团队。通常这个团队包括各业务单元或区域的 HR 负责人、HR 专家中心的负责人，以及 HR 共享服务或 HR 运营的主管。这个团队可以叫作 HR 领导团队、HR 指导委员会、HR 内阁或类似的称谓，但不管叫什么，这个团队中的所有人员对 HR 转型的共同支持是关键，这一点不能忽略，也不能想当然。

HR 部门的 HRBP

在许多大型企业里，HR 转型的拥护者是那些为 HR 专业人员提供 HR 支持的人员。这些人一般是资深的 HR 专业人员，在业务单元和专家中心担任过重要的 HR 职位。他们往往非常了解业务运营和盈利模式。他们需要在 HR 专业人员和业务管理者中建立起强大的专业声誉，这样才会有 HR 专业人员来寻求他们的指导和帮助，才会凭借业务领导者对他们的信任而得到持续支持。

作为 HR 转型团队的领导者，他们负责制订 HR 转型的计划，确定里程碑（将会在第 8 章讨论），并监控转型进展。他们还会组织和引导大家对 HR 的组织模式进行讨论，使得专家中心和业务部门的 HR 专业人员能更好地相互协同、创造价值（见第 4 章）；他们利用合适的技术，提升 HR 的流程效率；他们督促开展 HR 专项审计，确定优先改进的事项（人员、绩效、信息和工作）（见第 5 章）。他们需要确保 HR 实践和企业战略相匹配并进行整合，着重解决组织亟待解决的问题。他们负责制定高效 HR 专业人员的胜任标准，并按这些标准来评价 HR 专业人员的工作（见第 6 章）。他们要做出表率，积极投入到对 HR 专业人员的培训和发展工作中。他们积极参与企业关键 HR 岗位的接班人计划和人员的选拔晋升。他们要管理整个转型的过程以保证变革的实施。他们努力工作，致力为 HR 创造美好的未来,而不是依靠过去的成功来保持自己在组织中的地位。

HR 专业人员

即使有 CHRO 作为发起人,有 HR 部门的 HRBP 负责人的全力支持,为了确保 HR 转型的成功,还需要 HR 专业人员强有力的执行。那些积极参与转型的 HR 专业人员能够意识到,他们个人的成功和 HR 转型的顺利进行密切相关。HR 专业人员应摒弃过时的做法,学会承担新的职责,开展新的 HR 实践,掌握工作所需的关键能力。正如马歇尔·戈德史密斯所说的,"你今天的成功,并不能确保你未来还能成功"。

在我们所经历的几乎每一个 HR 转型案例中,一般都有一部分(大约 1/5)HR 专业人员是积极的行动者,他们提前为转型做好准备,只要一有机会,他们就会实施转型。在启动 HR 转型时,确定这些积极创新者并支持他们,将他们的工作和成果在组织内进行传播,这很重要。还有大约 1/5 的人会墨守成规,绝不会参与 HR 转型。所以,也要尽早识别这些人,将他们排除在 HR 转型之外,使转型得以顺利进行。大部分 HR 人员(剩下的大约 3/5)愿意接受转型,但是对转型给自己带来的影响以及转型的具体方法还不太清楚。对于这部分人,CHRO 和 HR 转型的领导团队需要结合组织的商业环境,设计转型方案和计划(第一阶段),明确界定 HR 转型的成果(第二阶段),为 HR 部门和工作的转型拟定蓝图(第三阶段)。这一类 HR 专业人员还需要定期接受他人的反馈,了解自己的工作成效和必须具备的胜任力(见第 6 章)。通过对现状和未来状态相关信息的思考和分析,他们会调整个人的行为,与 HR 转型保持一致。

业务管理者

业务管理者应该确保组织拥有合适的架构和人才来满足客户、股东和相关团体的期望，他们对此负有最终责任。他们有责任使 HR 转型聚焦于清晰的业务重点，确保 HR 转型团队能够获取组织内外部的信息，确保合适的人能参与到转型过程中，并对 HR 转型提出清晰的、可量化的结果要求。组织在人才争夺、实施平衡计分卡、成为领先企业等方面所做的大量工作，能够为业务管理者提供指引，帮助他们知道如何更好地管理组织和人才。公开声明的 HR 转型成果要清楚地表明业务管理者可以从他们对 HR 转型的投入中得到什么。真正的 HR 转型会增强业务管理者在组织建设和人才管理工作中的主人翁意识和责任感，以满足利益相关者的需要。

业务管理者是指组织各个层级的领导者。董事会成员应该知晓 HR 转型的基本原理和结果。从董事会层面的讨论中，可以了解到一些其他企业开展类似转型的经验教训和建议，确保 HR 转型能得到高层管理者的重视。在企业高层（如治理委员会或执行委员会）任职的管理者应该对转型具有知情权，有责任对转型提出自己的建议。他们可能会委派一名代表作为 HR 转型团队的一员。HR 转型团队应该清楚 HR 转型如何与经济环境、客户需求和业务目标相匹配，还要监控整个转型的进展，如有必要，还应加快转型的行动。高管团队应该从 HR 转型中汲取经验教训，并与其他职能机构进行分享。他们还应该对转型取得的进展和关键贡献者表示认可和奖励，以示庆祝。

所有的管理者都应该意识到 HR 转型的重要意义，了解 HR 转型如何帮助他们提升能力以实现自身的目标，以及他们自身在推动 HR 转型过程中的角色。下面是 HR 专业人员在邀请业务管理者参与 HR 转型时可以运用的一些技巧。

- 阐明 HR 转型的基准目标以及对业务管理者个人的影响。最强有力的转型是从对转型的基准目标的影响开始的：HR 的工作重点、优先级及工作成果的变化，是如何帮助组织提升能力以满足客户和投资者的期望的。阐明 HR 转型的影响，要从分析企业的盈亏状况（见第 2 章）开始，最后还要回到 HR 转型对提升企业未来盈利能力能够产生的实际利益上。正如前面提到的，如果 HR 转型没有对企业服务客户的能力以及盈利能力产生明确且直接的影响，高管层和董事会成员很难去支持这样的转型，因为他们需要不断平衡企业各方面对时间和资金的需求。将 HR 转型工作与业务管理者的绩效评估和职责关联起来，确保对业务管理者的物质和非物质激励与 HR 转型的结果相关联，让业务管理者公开声明，HR 转型对他们实现业务目标的帮助。这样做还能吸引更多人参与到 HR 转型中，并进一步增强业务管理者对 HR 转型的责任感。

- 邀请业务管理者加入 HR 转型团队，让他们参与转型过程，而不是置身事外当旁观者。没有业务管理者的参与，你既不能得到他们的承诺，也无法获得他们对转型的见解。没有他们的参与，你就无法让他们做出最大的贡献。业务管理者可以帮助分析业务现状、识别转型的驱动因素（第一阶段），帮助甄选并评估可以通过 HR 转型提升的组织能力（第二阶段），对优化 HR 部门的实践以及如何评估和发展 HR 专业人员提出建议。业务管理者可以通过定期的面谈、信息更新、进展回顾或者加入 HR 转型团队等方式参与到 HR 转型中。关键业务管理者的参与度越高，他们就越能感受到强烈的责任感。

- 成为可靠的活动家，建立与业务管理者的信任关系。在复杂情况中，人们更容易增进彼此间的信任。当遇到特别困难的事情时，HR 专业人员与业务管理者团结一致变得更加重要。在这种情况下，尤其重要的是，应该寻求他人的支持和协作，并集中精力解决阻碍双方合作的关键问题。双方应该进行开放、坦诚地交流，而不应该各行其道、互不相见。当业务管理者面临关键性的业务（或个人）问题时，HR 专业人员应该如何做呢？应该去业务管理者的办公室多与他们交流："你现在肯定不好受吧！感觉如何？我们做些什么可以帮助你？"让业务管理者明白 HR 专业人员是他们可以求助的人，不仅能提供解决问题的办法，而且还具有开放的心态和思维。这是 HR 在工作中扮演的最重要的角色之一——与业务管理者建立信任关系并成为他们可信赖的顾问。这项工作意义重大，能让业务管理者感受到与你所从事的 HR 工作连接在一起。

- 成为一位善于提问的教练。业务管理者要对业务结果负责，因此他们不得不接受公众的监督。有时候，他们也会退缩、封闭和孤立自己。这时，HR 专业人员可以作为他们业务和个人生活的教练，和他们谈一谈，问他们问题，倾听他们的想法，为他们提供无私的支持和帮助。这种面对面的个人教练，业务管理者大概无法从财务或法律人员那里获得，因为财务或法律人员与业务管理者探讨的问题不是和资金有关就是和合规或诉讼有关。因为 HR 岗位的特殊性，他们可以提出类似这样的问题："你还好吗？""最近是否照顾好自己了？"。如果需要，你还可以建议业务管理者暂时先抛开工作，重新恢复并振作起来。

- 帮助业务管理者消除对 HR 工作的误解。HR 专业人员可以帮助业务管理者消除对 HR 的认识误区，并体现出 HR 对于他们的价值，如表 7-1 所示。倘若业务管理者认为自己的付出和回报不匹配，或者没能参加自己认为应该参加的培训项目，没能承担自己想做的工作任务，他们就往往会对 HR 工作有负面体验，或者对 HR 专业人员有偏见（该 HR 专业人员可能主要扮演政策监督者而不是战略合作伙伴的角色）。通过与业务管理者的沟通，HR 专业人员可以逐渐改变业务管理者对 HR 工作的误解，树立良好的形象和声誉。

表 7-1 业务管理者对 HR 工作的误解

误 解	回 应
企业的竞争力来源于战略	竞争力 = 战略 × 组织。我们能构建支撑战略实现并创造竞争优势的组织
组织就是结构	组织的本质是能力——基于我们对自己的定位、我们所能做的事情、我们的价值主张、我们的做事方法、我们的组织架构等
所有员工的管理都由 HR 专业人员负责，业务管理者不必在这方面花费时间	很多 HR 工作最终是由业务管理者负责实施的
HR 工作都是些常识问题，人人都能做好	HR 工作建立在大量研究成果和经验的基础上，能够产生量化的结果。HR 专业人员能将这类知识、经验和优秀实践引进组织并创造价值
HR 工作只是一些不得不完成的事务，相互之间没有多大关联	HR 工作能使人员、组织与企业战略相匹配，以实现期望的业务目标，这是一项系统化的工作

- 敢于和业务管理者沟通坏消息。HR 专业人员经常要收集并告知业务管理者有关评估、调查、360 度评估以及其他一些评估或反馈的结果。多数情况下，这类结果对于某位业务管理者来说是正面的，但有时候也可能是令人痛苦的负面信息。当和某位关键业务管理者沟通负面消息后，HR 专业人员要及时追踪、跟进，鼓励他们去讨论并最终解决这些问题。在 HR 工作中，我们必须要找到一种合适的方式来沟通坏消息，这种方式不会让人产生抵触情绪。业务管理者身边不乏阿谀奉承者，他们一般都报喜不报忧。当 HR 专业人员既能与业务管理者沟通好消息，也能与他们沟通坏消息并帮助他们不断提升时，HR 专业人员就能真正赢得业务管理者的信任。

- 多花时间和业务管理者相处。不能把 HR 转型的日程表丢给业务管理者就算完事。不能说："看，这些就是你们要做的。按照上面的要求去做，6 个月后我再来看看你们的完成情况。"相反，一定要花时间和业务管理者相处，理解他们面临的挑战，让他们明白为什么需要他们参与转型，转型将实现怎样的目标，以及转型是如何实施的；让他们理解转型将如何使他们的工作变得更好。HR 专业人员应积极协同业务管理者一起推动转型，创造价值，做出贡献，并消除他们对 HR 的误解。这样，业务管理者才会信任你，才会集中精力帮助你实现目标，解决问题。要让他们明白转型成功需要具备哪些条件。HR 专业人员要积极倾听、主动学习，不要妄想去改变业务管理者的做事方式，而是要和他们一起合作，采用他们习惯的方式取得工作成效。主动去了解他们，坦诚开放地帮他们解除后顾之忧。如果 HR 工作出现了失误，应该怎么做呢？要尽快承认错误，解决好它，并把关注点放在未来的工作上。HR 专业人员应当建立和培养自身的适应能力、自辩能力、社交能力和恒心，以便与业务管理者建立信任关系。HR 专业人员应该聚焦于最终的工作成果，而不只是关注做了哪些工作。要让业务管理者始终对工作成果保持关注，并让他们看到这些成果对他们自己的重要意义。

当业务管理者看到了 HR 转型对个人和企业的价值，当他们积极参与了 HR 转型的过程，当他们相信 HR 专业人员能带来所承诺的结果时，业务管理者就会变成 HR 转型的同盟者和倡导者。

> **工具 7-1　建立 HR 转型团队（内部）**
>
> 建立 HR 转型团队是有效实施转型、取得长远成功的关键。聆听马克·尼曼阐述哪些 HR 人员和业务管理者应当加入转型团队，以及他们应该发挥怎样的作用。
>
> 详情请登录网站 www.TransformHR.com。

外部客户和投资者

HR 转型通常都由组织内部的需求所驱动，HR 工作的思维方式、表达方式和实践也往往聚焦于满足企业内部员工的需要。但同时我们也一直强调，HR 转型应该注重对那些与企业密切相关的外部利益相关者的影响。按照基本的经济规律，我们在企业内部所做的任何事情都必须能为外部的利益相关者创造价值，否则我们所做的一切都毫无意义。组织的存在不仅仅是为了实现自身的目标，更是为了实现社会对它的使命要求。

客户、投资者和咨询顾问能够为 HR 转型提供重要的外部视角。真正的 HR 转型，至关重要的是对业务现状有清晰的了解，而要做到这一点，就需要充分了解客户和投资者对组织的期望以及他们的实际体验。

HR 转型中客户的角色

在真正具有战略意义的 HR 转型中，客户的声音非常重要。客户参与转型的方式有很多：通过与客户建立联系，HR 领导者能够直接获取客户的相关信息；可以通过企业内部的客户联系人，比如销售和营销人员，间接地获得客户信息。销售和营销人员能够为 HR 转型团队提供客户的数据、体验和期望，这些客户信息能够塑造转型预期的结果，因此也会影响转型的整体框架设计。HR 转型应该有助于提升企业的品牌影响力：客户为什么要选择企业的产品和服务，企业希望提供什么样的客户体验，客户已经从企业这里获得了哪些实际体验，以及如何改进这些体验。当对 HR 实践进行重新设计时，应该注意与客户的期望值保持一致。客户也可以直接、主动地参与到 HR 转型中来，例如，通过 HR 专业人员对客户的拜访，了解他们对企业组织能力和领导能力的期望。很多企业希望 HR 专业人员能定期花一些时间（比如一个季度花一天时间）和客户在一起，了解客户的需求和发展趋势，更好地理解 HR 实践对企业满足客户需求的能力所能产生的影响。HR 转型和扩大客户占有率（来自目标客户或关键客户的销售收入）之间的关系应该明确，并得到大家的理解和认同。通过以下三个步骤能够将客户和 HR 转型联系起来。

步骤 1：收集客户的见解和信息

根据客户的需求开展 HR 转型时，HR 专业人员一定要收集客户的相关信息，了解他们的想法。首先要明确目标客户群。例如，在宝洁公司，客户群包括产品的终端用户和中间零售商；对于法国巴黎银行，从储户到商业金融经纪人，都是它们的客户；康德乐的客户包括医院的管理者、医生、病人和保险公司。其次必须了解客户的购买偏好：他们为什么从这个渠道而不是从其他渠道购买。为了做到这两点，HR 专业人员可以定期了解和分析客户所处的商业环境、面临的威胁，以及他们力图抓住的市场机遇（见第 2 章），对客户的财务状况、期望和消费趋势的相关数据进行综合分析。HR 专业人员应该像销售人员那样去理解客户，销售人员为客户提供产品或解决方案，而 HR 则是为了能够生产产品、服务客户、与客户建立联系，以满足客户的长期期望而培养人才和发展组织能力。这样的话，HR 就能与客户建立起远超过单次交易的客户关系。

步骤 2：识别关键时刻和接触点

与组织中的所有员工一样，HR 专业人员也必须理解业务的关键时刻或者与客户的关键接触点。宝洁公司定义了两个关键时刻：一个是顾客在商店里拿起宝洁公司产品的时刻；另一个是顾客使用了产品，并对产品形成特定看法的时刻。每个企业都必须为更好地服务客户界定关键时刻。HR 专业人员也应该能识别这些关键时刻，并理解为什么这些是关键时刻，以及关键时刻如何有助于企业盈利。那些定期强化关键时刻的 HR 专业人员，能够确保以客户的期望来指导自己的工作。

步骤 3：利用 HR 实践来改善客户体验

HR 能够在管理和评估客户体验时扮演重要角色。HR 可以与销售、营销、质量及其他部门合作，为焦点小组、客户服务评估和其他数据收集活动提供支持。HR 还应该在客户数据的分析和整合中发挥关键作用。

为实现销售人员对客户所做的承诺，HR 专业人员也能发挥独特作用，主要是确保组织能够履行这一承诺。销售人员完成的是单次交易（为客户提供合同约定的产品或服务），HR 专业人员却可以将这种单次交易变成一种模式（创造一个持续满足客户需要的组织）。HR 领导者应该利用收集到的客户信息，在人员招聘、培训、沟通、奖励、组织架构和领导力等方面做出相应变革，以维持良好的客户关系。了解客户，理解他们购买的理由及偏好，能够帮助 HR 专业人员在制定 HR 相关的体系、实践以及设计相关政策时做出更恰当的决策，从而改善客户体验。本书案例中的企业也都认为，HR 体系、实践和政策必须和客户的期望保持一致。这些企业的经验还表明，领导力和奖励制度是对改善客户体验影响最大的两个领域，因此也会促进企业的收入增长。

一旦运用包括这三个步骤的客户联结模型，就必须建立一个保持长期客户联结的系统。HR 领导者需要建立可持续的流程，确保在制定与人员、绩效、信息和工作相关的 HR 项目和 HR 实践时，客户能够参与进来。诺基亚公司的前 CHRO 霍尔斯坦·莫尔克就是这方面的典范。2007 年年末，莫尔克召集高级 HR 团队制定 2008 年的 HR 战略和重大举措，他邀请了两位客户参加会议。之后，每当 HR 团队提出一个新的项目或举措时，都会要求与会的两个客户发表意见。有时候客户会赞成，"这正是我们所需要的"，有时候他们会说"听起来是个不错的主意，但是对我们的帮助不大"。事实证明，客户的参与为莫尔克及其团队提供了重要帮助。当 HR 在工作上的投入重点与客户的需求能够清晰地保持一致时，客户和 HR 就会实现双赢。

HR 领导者也可以为 HR 专业人员提供机会，使他们能够定期和客户进行面对面的沟通。作为一项职能，HR 具备这样的核心能力：能够也应该被用于为客户创造价值。例如，HR 部门可以和客户一起为企业员工提供培训、发展领导力、进行团队建设等。苏格兰皇家银行要求其 HR 团队每年至少花两天时间和客户进行沟通（可以在呼叫中心、分行或其他场所)。

HR 与客户定期开展面对面的沟通对双方都有利。为了建立长期可持续的关系,HR 应该经常积极地参与到销售过程当中,积极推进双方的关系。销售人员能够促进与客户的良好互动(例如,购买了我们的产品或服务,今天它就能帮你解决问题)。然而,当 HR 人员参与进来时,企业能向客户承诺的就不仅仅是一次交易了,而是一种面向未来的模式。这样一来,客户不仅购买了产品或服务,更是获得了一种关系,因为他们知道 HR 有能力确保企业有合适的人才和组织系统,以保证长期的产品或服务交付。在这种新的模式下,客户将 HR 看作双方长期关系的建立者和维护者,这也是 HR 的一种发展趋势。没有 HR 的参与,销售人员往往会将向客户销售产品或服务当作一次性交易,而这会破坏与客户之间的长期关系。

HR 转型中投资者的角色

投资者和 HR 转型的关系,与客户和 HR 转型的关系一样,也会相互影响。如果 HR 转型能有效开展,投资者就会对企业未来的盈利能力更有信心,因为 HR 转型会提升组织能力,从而保证业务的可持续增长。研究表明,组织能力等无形资产可以占到一家企业市值的 50%。无论经济形势好坏,拥有更高效组织(领导力、HR 实践、文化和治理结构)的企业,相比竞争对手,更有可能获得较高的市盈率。HR 可以将投资者的投资逻辑和价值理念引入转型中。要在 HR 转型中考虑到投资者的因素,HR 部门要确保 HR 实践与投资者的需求相匹配。通过邀请关键的投资者参与深度讨论,HR 转型小组可以了解投资者的投资逻辑和价值理念。这样一来,HR 转型小组不仅能知晓投资逻辑,并且能向投资者表明他们的价值理念已经体现在企业的制度基础设施中了。随后,投资者的信心将积极影响他们做出买入卖出的决策。前面提到的将客户与 HR 转型连接起来的三个步骤，同样也适用于投资者。

步骤1：收集投资者的见解和信息

HR专业人员应该知晓企业关键投资者是谁以及他们投资的原因。对于上市企业，其投资者是大股东以及关注这个行业的分析师。对于大企业的事业部，其投资者是拥有跨业务资金调配权力的总公司；对于私有企业，投资者可能是家族或其他所有人；对于公共机构，投资者可能是制定政策、调配资源、支持这些机构的一些立法者。无论哪种组织，HR专业人员都要明确相关投资者是谁，以及他们如何评判你的组织成功与否。

步骤2：识别投资者的关键时刻

HR专业人员要留意与投资者接触的机会，这可能包括与投资者定期的电话沟通、正式会议或相关数据资料。HR专业人员应确保在这样的接触场合，向投资者传达本书第3章所讲的有关组织能力的相关信息，创造价值。下面有一个很好的案例：一家大型电信企业定期邀请投资者参加其高层领导发展项目。在这些项目中，公司领导者能够不断了解投资者的期望，而投资者也能了解企业的发展方向以及公司未来领导者的能力。有了这些信息，投资者会对企业未来的盈利能力更有信心。

步骤3：保持投资者对HR实践的信心

当你在设计与人员、绩效、信息和工作有关的HR实践时，要确保这些实践能满足投资者的需求。要针对以下问题对这些HR实践进行评估和筛选：这些HR实践的设计和实施是否能提升投资者对企业的认知、信心并满足他们的期望；HR是否积极去了解这些投资者，无论他们对企业的认知是正面的还是负面的；HR是否能确保投资者知晓并理解企业在创建和提升关键组织能力方面所取得的成功（尤其是与竞争对手相比）。

咨询顾问

一位深谙并购业务的同事近日和我们分享了一个由他负责的并购整合

案例。他的客户，之前为了节约成本，不想使用外部顾问服务，希望自己完成整合工作。然而 6 个月后，这家企业并未能按兼并时它向投资者承诺的那样，完成并购的协同整合。核心员工离职了，并购后企业战略显得杂乱无章，领导者也在质疑当初做出的并购决策是否正确。我们无法保证我们的同事一定能避免这样问题的发生，但是我们知道他经验丰富，他帮助过很多面临类似问题的企业，并成功解决了这些问题。

我们建议审慎并有针对性地使用外部顾问作为战略合作伙伴，协助推进 HR 转型。作为顾问和教育工作者，我们遇到过很多有效使用顾问服务的客户，当然也有很多公司不用外部顾问。以下是 HR 转型中使用外部顾问要注意的事项：

- 在合约中明确顾问的工作内容：顾问能带来什么？他们将如何开展工作？谁将在现场负责转型项目？
- 核实顾问在企业面临的问题方面是不是专家。向顾问提供客户趋势、投资者理念、组织能力、领导力梯队和员工能力等信息。偶尔技巧性地测试一下顾问对你企业的了解程度，以及他如何利用已掌握的信息。
- 确认顾问有明晰的观点和专业知识。许多提供综合咨询服务的顾问公司只能提供通用性的模型和项目管理支持。所以，除非你只是想雇用一个帮手，否则一定要了解顾问的专长和能力。
- 确保该顾问能够按照企业的实际情况调整他们的理念，而不是生搬硬套。这意味着顾问需要根据企业的实际情况调整某些关键原则，而非生搬硬套则要求你对他们现成的理念照单全收。
- 将知识传递给你的团队。应该将外部知识转移到企业内部。这表明，顾问不仅要与你分享模型、基本框架和经验，还要将企业的见解传递给组织的核心员工。

- 确保顾问为 HR 转型提供全面的视野。谨防只为企业提供零碎片面方法的顾问，这类顾问也许只能解决我们整个转型中的一小部分问题。

我们的经验表明，在 HR 转型中，顾问能从多方面、多角度为企业创造价值。

评估转型需求
- 花一天时间和顾问聊聊他们最成功的客户是如何开展 HR 转型的。
- 请顾问协助设计评估的方法和流程，并培训内部人员如何开展评估。
- 请顾问与 HR 领导者分享 HR 转型的相关经验。

设定转型目标
- 在你企业设定转型目标的过程中让顾问提供帮助。
- 请顾问结合其他企业设定转型目标的方式，提出他们对你企业目标设定的见解；请顾问帮助你检查转型计划是否合理。
- 请顾问检查你对于不可预见的潜在问题所设置的目标是否合适。

制订实施计划
- 请顾问分享他们所知道的其他企业在转型中遇到的潜在障碍和陷阱。
- 与顾问一起讨论获得利益相关者参与和支持的方法。
- 请顾问帮助一起制订实施计划和时间表。
- 请顾问协助推动转型进程。

评估转型效果

- 请顾问协助、推动或牵头负责转型的效果评估,并提供评估标准作为参考。

总之,外部顾问通常能为企业带来以下价值:借鉴其他企业的转型经验;提前分析并规避常见问题;不会受制于企业现有的制度体系,可能会提出创新性的解决方案;可以作为独立第三方,为 HR 转型做出贡献。对于是否使用外部顾问,关键在于是否能在合适的时机,以合适的方式,选择合适的顾问。

HR 转型团队应该吸收不同的观点

HR 转型团队应该包括本章提到的四类人员:HR 领导者、业务管理者、客户和投资者,以及外部顾问。通常由 CHRO 发起 HR 转型,并负责转型的整体设计和推动实施。通常由 HR 部门的 HRBP 团队的负责人来负责主持日常工作,HR 转型团队的成员包括业务单元和专家中心的 HR 代表、不同业务部门的管理者(包括高管)、客户和投资者的代表以及外部顾问。转型团队应定期开会,设定 HR 转型的里程碑并按此推进转型(见第 8 章)。

> **工具 7-2 建立 HR 转型团队(外部)**
>
> 现在你已经决定了哪些 HR 人员和业务管理者应该加入 HR 转型团队,那么你将如何让客户、投资者和外部专家也参与进来呢?聆听乔恩·扬格对 HR 转型中关键的外部角色的阐述。
>
> 详情请登录网站:www.TransformHR.com。

第 8 章
启动 HR 转型

即使明确了 HR 转型的不同阶段和细节，在真正开展变革时还是会遇到很多困难。推动 HR 部门变革远比人们想象的要困难。变革过程中包含两个挑战：其一是合理地推断将来可能发生什么（这是 HR 转型的内容）；其二是将转型的内容付诸实践（这是 HR 转型的过程）。本章将着重讨论这两方面的内容，希望这样能够为大家在开展 HR 转型时提供一个框架蓝图。

会发生什么：里程碑、活动和成果

任何企业的 HR 转型都可以概括为里程碑、活动和成果三方面内容。"里程碑"代表了应该完成什么，"活动"则界定了这一里程碑要怎么做，"成果"用来监控"里程碑"是否成功实现。和我们合作的很多企业中，有的成功实现了 HR 转型，也有一些转型失败。从这些企业的实例中，我们识别出了 13 个里程碑、活动和成果，它们可以将 HR 转型的四个阶段变成现实。

这些里程碑都呈线性排列，但是它们并不太可能严格地按照时间顺序依次出现。HR 转型的具体时间会根据各方面的因素而不同，这些因素包括企业文化、预计要施行的变革、预计可能遭遇的阻力，以及来自组织上下对转型的支持力度。不过，一旦我们理解并适应了这 13 个里程碑，转型成功的可能性将大大增加。在具体实施过程中，你可能会忍不住跳过某个里程碑，这样可能会导致后来你不得不后退几步去重新考虑跳过的里程碑，否则你将难以取得转型进展。

第一阶段：了解 HR 战略重构的商业环境

里程碑 1：正式承认采取实现 HR 转型能为组织带来价值。

- 活动：CHRO 负责决定启动 HR 转型的时机。他需要确保企业已具备以下因素：此刻的企业条件有助于 HR 转型，HR 部门能为企业创造更多的价值，业务部门的高层领导能够支持转型的举措。这些判断来自 CHRO 对企业发展状况的观察，以及他同其他企业领导者的交流。
- 成果：CHRO 成为 HR 转型的支持者和发起人。业务部门经理能够理解转型的原因和好处，能够理解转型会如何根据企业的业务状况展开。业务部门经理从一开始就对转型持有支持的态度。
- 工具：工具 2-1、工具 2-2 和工具 2-3。

里程碑 2：组建 HR 转型团队。

- 活动：CHRO 在组织的高层领导的支持下，创建负责 HR 转型的团队。这个团队应广泛包括相关 HR 领导者和 HR 专业人员（包括那些来自专家中心和业务部门的 HR 人员）以及业务部门经理代表。这个团队还应该注意与客户和投资者的要求保持一致。为此，团队可以采用直接的办法（让客户或投资者直接参与转型活动），也可采用间接的办法（收集并使用来自客户和投资者的数据）。该团队应该制定章程，清晰地规定开展 HR 转型的具体程序，包括上述四个阶段。组织还应该确定其内部管理机制，包括团队会议的频率、团队决策、决策流程以及团队预算等。

- 成果：HR 转型团队建立起一个清晰的、致力于推动转型的章程。该团队拥有业务部门经理的支持，并在组织上下受到广泛的认可，赢得了人们的信任。
- 工具：工具 7-1 和工具 7-2。

里程碑 3：确定需要通过 HR 转型予以支持的那些新业务挑战，进行评估和优先排序。

- 活动：在转型团队的指导下，评估组织面临的新业务挑战（见第 2 章）。相关的业务信息来自与经理或业务专家的面谈，来自与组织外部行业领导者的面谈（包括投资者、分析师、行业协会成员或其他思想领袖）；或者通过查阅企业数据（如行业技术趋势报告）。由此，转型团队识别出这些业务新挑战所涉及的 HR 工作，并将这些信息与组织的资深业务团队和 HR 专业人员进行分享。
- 成果：通过清晰地阐述企业的业务现状，帮助人们理解 HR 转型的背景以及利益相关者如何从中获益。
- 工具：工具 2-4 和工具 2-5。

里程碑 4：完成 HR 转型的立项工作，并在企业内部和外部宣传开展 HR 转型的重要意义。

- 活动：HR 转型团队准备转型的项目立项，界定转型的内容，解释为什么要开展转型，并为 HR 转型构建一份蓝图。将 HR 转型的计划提交董事会、高管团队、HR 领导团队和组织中的 HR 专业人员审阅。该建议还可以被加入到高层领导的演示文件中去，用来向大家阐述如何在未来应对和实施企业战略。

- 成果：HR 转型的关键参与者（企业领导者、HR 专业人员和其他员工）能够理解 HR 转型需要马上开展的原因。
- 工具：工具 2-6 和工具 2-7。

第二阶段：HR 转型的成果

里程碑 5：开展组织能力的审核，确定实施企业战略所需要的 2～4 项最重要的组织能力。

- 活动：对于将要开展 HR 转型的组织单位（集团、业务单元、部门或工厂）进行组织能力审核。列出各项组织能力，并用与业务相关的语言描述出来。让来自跨部门的员工，在符合企业战略的前提下，对这些组织能力的重要性进行评估。对最重要的那些组织能力进行排序。这些能力将成为 HR 最终转型后的成果。把这些信息与那些转型的关键利益相关者进行分享。
- 成果：识别出相关的组织能力并共享。
- 工具：工具 3-1 和工具 3-2。

里程碑 6：实现组织的关键能力，并阐明它们是 HR 转型的成果。

- 活动：将里程碑 5 中通过审核确定的组织能力转变成可以监督和追踪的具体考量办法。这些办法可以通过集思广益来确定，明确哪些指标能够说明这些组织能力得到了实现。这些指标可以是基于行为的或基于结果的考量办法。这些考量办法应该是有效的，而且与组织的平衡计分卡以及业务管理者的职责相一致。
- 成果：将 HR 转型的成果转化为可以量化的平衡计分卡，让所有人都知道 HR 转型的成果。

工具：工具 3-3。

里程碑 7：展示实现这些组织能力将如何使员工、业务管理者、客户、投资者和其他利益相关者受益。

- 活动：要明确每一类受到 HR 转型影响的关键利益相关者。HR 转型对每一类利益相关者的影响，应该按照具体、可量化的成果进行衡量。这一里程碑要求 HR 转型团队委派一个小组来收集相关信息，了解每一个利益相关者与组织之间当前及未来的关系。弄清"假如 HR 转型能够成功，利益相关者将会获得什么好处"这个问题，就能明白利益相关者和组织之间的关系。要得到这个问题的答案，可以和利益相关者或那些与利益相关者直接共事的人员进行面谈。
- 成果：用一张 HR 转型利益相关者指标示意图展示 HR 转型给每一个利益相关者带来的价值。
- 工具：工具 3-4。

第三阶段：HR 部门重构

里程碑 8：创建 HR 战略宣言，阐明 HR 团队在转型中的身份、使命和开展转型的原因。

- 活动：和你的高级 HR 团队一起，邀请主要利益相关者参与 HR 战略宣言（又称作 HR 愿景、使命、目标等）的制定。该战略宣言用于回答下列问题：

（1）我们是谁？（HR 部门的身份和名誉宣言。）

（2）我们交付什么工作成果？（HR 部门的工作职责概要。）

（3）我们为什么这样做？（对 HR 部门工作成果的定义。注意，这些工作必须聚焦于企业的核心能力建设，即能够帮助企业实现成功的那些能力的建设。）

HR 战略宣言应该和业务管理者、HR 同僚以及组织内的其他员工共同探讨、制定并验证。战略宣言的内容应该和 HR 战略重构的过程相一致，并在 HR 会议和论坛上定期讨论。这份宣言也是雇用 HR 人员的指南，以及在 HR 部门内部进行人才提拔和培训的依据。

- 成果：HR 部门内外的人员最终可以理解 HR 部门提出的战略。
- 工具：工具 4-1 和工具 4-2。

里程碑 9：清楚地界定 HR 部门的责任，包括 HR 专家中心、业务部门内部的 HR 人员、负责日常运营工作的 HR 人员、共享服务中心和集团 HR 人员等。

- 活动：明确战略工作和日常工作的重点。通过对 HR 部门的安排，来明确责任并确定 HR 工作开展的方式。第 4 章已经讨论过，从工作职责或工作渠道来分，HR 人员分为五种类型：服务中心、集团总部 HR（HR 监督）、业务部门 HR（战略业务合作伙伴）、专家中心（HR 专家）和 HR 运营执行者。

你的 HR 转型团队可以对上述五大类分别制定目标，团队还可以通过审核来确定这五个类别在多大程度上适用于本企业。有些企业在这五类上有着明确的区分，还有些企业考虑 HR 部门的规模和工作重点，对这几类进行了整合。此时应主要考虑的问题是，确保 HR 部门的架构与企业的组织架构相一致。一旦确定了 HR 部门的架构，你便可以在这五类中来确定关键岗位。可以确定每一类的工作要求或岗位职责，并对人员按照这些要求进行匹配。通过界定 HR 人员的工作重心是战略性还是日常性工作，有助于提高这些工作的效率。

要实施 HR 架构，首先需要做技术投资，确保 HR 共享服务能够完成 HR 日常的行政管理工作；之后再确定集团 HR 部门、专家中心、部门内部的 HR 和 HR 运营团队的工作职责，并安排相应的人员。很重要的一点，要制定相应的章程，来规定不同的团队应该如何一起共事：哪些信息可以共享，以及决策的方式等。新的 HR 部门架构不仅要求有组织架构图，以及其中所包括的工作领域、职位和人员，同时还要求有达成共识的决策流程。出现在企业组织架构图中的人员最好能够参与界定他们自身的工作角色和工作职责。

此外，还有必要制定一份所谓的"参与"章程。该章程明确了以上五大类中的 HR 人员相互之间的合作方式，包括信息共享、决策、活动支持和所需资源等。这个章程还可以明确普通员工和业务管理者该如何向 HR 部门寻求帮助。

- 成果：HR 部门的组织架构图定义了各种岗位，以及各岗位之间的关系，还界定了 HR 部门与其他部门合作的方式。
- 工具：工具 4-3。

里程碑 10：审核 HR 实践，对那些符合企业战略的实践进行优先级排序，做到匹配、整合和创新。

- 活动：审核 HR 实践，可以帮助人们确定在资金、时间和人员等方

面进行投资的优先级排序,这样做的目的是为组织创造尽可能大的价值。以下是审核 HR 实践的几种方式:

(1)最佳实践。确定关于人员、绩效和信息的最佳实践标准,并按照这些标准制定考核办法。如果你清楚最佳实践,以上这个办法可以帮助组织为达到这些最佳实践标准提供有价值的信息。

(2)认知。你可以开展 360 度全方位的 HR 审核工作,让 HR 专业人员、部门经理和其他员工来评估 HR 工作是否为他们以及整个组织带来了价值。这种办法可以让你了解在其他用户眼里,HR 工作是否真正创造了价值。

(3)战略。你可以衡量每一项 HR 实践与组织战略相结合的程度。对每一项 HR 实践推动企业实现组织能力的程度以及企业战略的实现情况进行打分。这种评估能帮助企业了解哪些 HR 实践有助于实现战略。

(4)整合。通过整合审核,可以评估 HR 各种工作之间彼此的关联度。在审核中,制作一个矩阵,横轴和纵轴都是 HR 实践工作,然后在矩阵内部的表格中注明这些实践之间彼此的契合度。例如,若企业正在招聘拥有 A、B 和 C 技能的新员工,培训员工掌握 A、B 和 C 技能,你就可以加 10 分;如果招聘人员需要的胜任力是 A、B 和 C,而培训员工的重点是 D、E 和 F,那么就要减 10 分。这种评估可以帮助你确定各项 HR 实践工作的契合程度。

如果你最关心的是与时俱进、以未来为导向的 HR 实践问题,我们建议开展最佳实践方法审核,用你的想法去和该领域内世界级的组织相比较,看看差距到底在哪里。倘若你最关心的问题是 HR 部门的声誉,那就审核其他人的看法;如果你最关心的问题是 HR 工作对企业的影响,那就审核战略；如果你最关心的是 HR 整合，那就审核整合。领先企业往往选择不同的方法进行 HR 实践审核，这样它们就可以全面了解 HR 投资的质量。

无论采用何种审核方式，对 HR 实践进行审核的目的都是对投资于 HR 工作的资金、时间和人才进行优先排序。对所有 HR 工作进行均等的投资，可以让你所有的工作都显得尚可，但是没有哪项能够达到优秀。通过优先排序，能够有助于确定哪项工作还能为其他工作带来高成效。

- 成果：你能够清楚地阐明应该投资哪些 HR 实践从而实现价值，这为确定 HR 管理工作的轻重缓急指明了方向。
- 工具：工具 5-1、工具 5-2、工具 5-3 和工具 5-4。

里程碑 11：从角色、胜任力和活动三个方面界定卓有成效的 HR 人员。

- 活动：不断提高 HR 人员的胜任力，最终能引导你的转型工作走向成功。在 HR 转型团队的指导下，可以建立一个项目小组，负责建立 HR 专业人员的胜任力模型。项目小组首先要确定 HR 专业人员需要了解的知识，以及如何取得成功之道。对成功的定义要考虑 HR 专业人员的角色和活动，同时也要清楚了解 HR 专业人员实现有效工作所需要具备的胜任力。要为 HR 人员设定胜任力标准，首先要研究如何成为一个有效的 HR 专业人员（参考我们关于 HR 胜任力的工作成果），然后把研究成果运用于企业实际情况中去。在进行这种运用之前，需要采访企业领导、客户、投资者、HR 领导，来了解他们对组织内 HR 专业人员的各种期望。
- 成果：建立起高效 HR 专业人员的一套标准，这套标准就是 HR 专业人员的胜任力模型。

- 工具：工具 6-1、工具 6-2 和工具 6-3。

里程碑 12：评估并对 HR 专业人员进行投资，确保他们具备完成 HR 转型的能力。

- 活动：利用组织的 HR 胜任力模型，可以评估 HR 专业人员在多大程度上具备这些胜任力。为 HR 专业人员做一次 360 度评估可以帮助他们评估自己的强项和弱项。每个 HR 专业人员都会收到一份个人报告，以此为基础来制订个人的提升计划。这个提升计划主要关注 HR 专业人员如何通过培训、工作经历和个人学习来提升个人能力。投资于 HR 专业人员的个人发展能帮助 HR 专业人员达到更高的要求。
- 成果：HR 专业人员可以了解到对有效完成本职工作的具体期望，明确如何按照这些期望来考量自己的工作，以及该如何为自己的个人成长制订提升计划。
- 工具：工具 6-4。

第四阶段：HR 问责制

里程碑 13：确保 HR 转型团队由合适的人员构成，确保他们能够积极投入完成正确的活动。

- 活动：在 HR 转型开始时，建立 HR 转型团队来指导和监督转型的活动，该团队负责确保转型过程能够及时并以一致的方式进行。他们应该为整个转型过程构建蓝图，以使它能够与我们所提出的里程碑保持一致，而且需要对这张蓝图进行定期回顾和更新，以此来保证转型不偏离正轨。HR 转型团队也要承担对组织能力的审核以及对 HR 部门、HR 实践活动及 HR 专业人员的审核。这个团队要评估这些数据，并创建推动转型前进的工作流。团队要不断向关键利益相关者传达 HR 转型的进展和下一步的发展计划。通过追踪转型的结果来确定转型是否成功，识别下一步的改善点所在。

- 成果：高效的 HR 转型团队将确保转型的发展。如果转型过程保持正轨，你将会知道 HR 转型团队的任务圆满完成，并且实现了第二阶段描述的结果。
- 工具：工具 8-1、工具 8-2 和工具 8-3。

> **工具 8-1　HR 战略转型的里程碑检查**
>
> 在整个 HR 战略转型开展的过程中，按照 HR 战略转型的里程碑进行检查。下载里程碑检查单。
>
> 详情请登录网站 www.TransformHR.com。

切实落实 HR 转型的措施

合理的里程碑是 HR 转型如何推进的蓝图。现在是时候把蓝图变成现实了。在组织内部管理变化的工作实践中，有时很好的蓝图未必能得到贯彻落实。所有变革面临的主要挑战都是将应该做的 HR 转型的里程碑转变为实际的运用。过去 20 多年里，我们研究了有效的组织变革，发现了七个关键的要素 (见表 8-1)。它们中的每个要素都能推动计划的成功实施。可以运用这七个要素，成功推动 HR 转型。

在转型项目成功的前、中、后期，你可以审视这七个要素。这些变化的各类情况能帮助你指明工作重点，取得进展。例如，在建设 HR 转型团队时，要明白在变革的过程中，哪些要素需要人们格外注意。这个变化能够有效地回应七大诊断问题，每个问题的答案以 0 ~ 10 分来评判。

表 8-1 成功变革的条件

成功变革的条件	对 HR 转型的影响
引导变革：获得领导层的支持	使 HR 转型获得领导者的支持：业务管理者和 HR 人员
创建共同需求：公布实施转型的原因	立项说明 HR 转型能给企业带来的价值
建立愿景：清楚地了解转型的成果	建立 HR 转型的模型，包括实践、职能和人员
团结他人：动员关键人员认同并积极参与	获得所有人的支持，包括业务管理者和 HR 人员（建立指导委员会）
做出决策：明确为了推动转型的进展需要做出的决策	从小处做起，一开始就要有正确的决策
制度化：明确转型能与企业的其他举措结合使用	将 HR 转型融入企业的 HR 实践和资源分配系统中
监督和学习：监督转型的进展直至成功	改善并调整蓝图，追踪进度并从转型中学习

问题：HR 转型过程中，下列各项的进展程度如何？

1. 领导者：拥有能够在 HR 部门内外公开并合法地拥护 HR 转型的领导层。

2. 共同需求：针对企业新的业务情况，重新分析并明确 HR 工作将如何创造价值。

3. 愿景：对 HR 转型的最终成果、阶段性结果做出清晰的界定。

4. 参与：获得那些被动参与 HR 转型的人员的支持。

5. 决策：完成 HR 转型涉及的决策列表，这些决策包括：需要由 HR 部门制定的决策、涉及所需 HR 实践的决策，以及必须由推动 HR 转型的人员制定的决策。

6. 制度化：获得足够的制度体系方面（包括预算、人员、信息和技术）的支持，确保 HR 转型与企业其他的流程能够顺利整合。

7. 评测措施：评测标准设置完成，可以监督 HR 转型的进展，以及发现改善之处。

对这些问题的回答可以导出如图 8-1 所示的分析结果，凭借这些信息能够诊断出在 HR 转型过程最需要改进的方面是什么。下列各节内容提出了走向成功的七大因素的建议。

> **工具 8-2　转型负责人的检查清单**
>
> 下载需要转型负责人检查的项目清单,学习更多有关可持续变革管理的资源分配问题。
>
> 详情请登录网站 www.TransformHR.com。

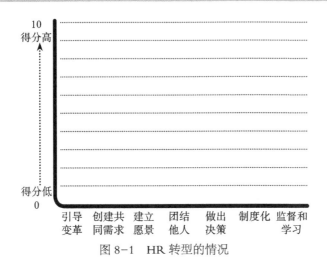

图 8-1　HR 转型的情况

引导变革

任何变革的领导者都需要支持、拥护和示范变革。他们支持变革成为优先重要的事情,通过配置资源(资金和人力)和及时跟进来确保目标的实现。HR 转型的发起者可能是 CHRO 和高管团队成员,他们视 HR 转型为企业成功的关键。牵头人是 HR 转型的领导者,主要负责推动转型的前进,也会花费大量时间去完成变革,管理日常的工作。在大型企业内,牵头 HR 转型的人常常是 HR 部门的 HR 或者其他被任命负责 HR 转型团队日常工作的人。所有有关的领导者需要恪守承诺、身先士卒去推动变革。对于 HR 转型来说,这意味着 HR 部门内外的领导者需要鼓励创新理念、愿意改变自己的行为,以及愿意为 HR 转型成功做出努力。

创建共同需求

除非变革的需求超越了人们对变革的抵制，否则变革不会出现。几乎所有的变化都让人感到不舒服，需要人们学习和成长，并尝试新的做法。当人们开始自我改变时，通常会遭遇尴尬和失败的风险。大多数人不愿意在没有明确而有说服力的理由下做出改变。对于 HR 转型来说，改变的需求来自对现状的不满以及对未来的展望。

HR 转型团队应该保持对 HR 现状的不满，以及对 HR 贡献更好未来的清晰愿景。对现状的不满，可以通过下列问题提出：

- **HR 的利益相关者告诉了我们什么？** 发现并引用员工、部门经理、客户或投资者的语言来描述需要解决的问题。广泛沟通 HR 失败的案例，以及它们对组织的影响。
- **我们的表现和其他 HR 职能部门相比如何？** 将胜任力调研数据或部门审计结果同其他企业或本组织内其他业务单元的相关数据进行比较，用如总人数比例或收入百分比等作为基准数据。
- **当面对与公开的或隐含的组织、个人和职能目标及价值观相冲突的事情时，我们应怎么做？** 难道我们一边主张 HR 人员帮助部门经理改革，一边抵制自我变革？难道我们能毫无原则、不计后果地谈论高效？

对生产不协调的管理秘诀，不是确定失败的每一领域或未能满足的预期，而是确定最需要改善的方面，并用实例证明提供推进改革所需的资源。

建立愿景

HR 转型团队通常很容易只专注于 HR 部门的结构问题（向谁汇报，

谁能对什么产生影响，如何建立组织架构图）和 HR 实践（人才管理、培训和薪酬制度等）。然而，同样重要的是，他们应该注重第一阶段（开展 HR 转型的原因）和第二阶段（转型的成果）各自的成果，这两部分强调了转型的愿景和目标。当这些成果被不断强调时，对改变 HR 组织、实践和人员所需的细节，就会成功地融入最根本的目标当中。当人们不可避免地争论为了深化 HR 转型需要做些什么时，反思这些基本的目标，往往会为你指明方向。例如，某家企业因无法平衡 HRBP 和专家中心的权限设置而陷入了困境。无论哪个团队都希望自己在实现 HR 管理价值中扮演更加核心的作用。结果，他们花了大部分时间来证明谁更强，而不是推动变革的进展。为了解决这样的争论，HR 转型团队应该回到商业环境问题，特别关注成熟的市场、老化的产品和将创新建设成为组织核心能力方面。通过再次进行战略思考，他们能集中精力提升 HR 部门在集团层面或企业层面推进创新的能力，这使得他们能够成功地就如何解决争议达成共识。

对 HR 转型愿景的测试，就是要询问不同的利益相关者（从高层管理者到 HR 管理团队，从组织内部的员工到 HR 人员）一个简单的问题：若 HR 转型成功，将会发生什么？如果他们就这个问题形成统一的意见，那就确定了转型的愿景。

团结他人

在任何变革中，大约有 20% 的员工支持并愿意变革；20% 的保守派会抵制变革，并且无论变革发起者怎么做，这些保守派都不会支持变革；剩下 60% 的人可以被说服接受变革；无论是让自己置身于一群支持者中间，或是花大量时间和精力试图转化抵制者，这些工作看起来都很诱人，然而两者都不会起到任何效果。相反，应该保存精力，团结支持者，避开抵制者，将工作重心聚焦于中间层（约占 60%）。当这些人完全参与到转型变革的工作过程中时，他们就会变得乐在其中。这种参与来自信息共享、依言诺行，以及强化新的所需行为。

在HR转型过程中，认识到哪些利益相关者会受到HR转型的影响很重要，这些利益相关者包括业务管理者、HR部门的领导者、组织上下的HR体系人员及其他相关员工。这些群体的代表人物，可以直接参与转型变革的讨论和决策，也可以间接参与，比如事先收集并确保在讨论中体现他们的关注点和想法。通过引入这些关键利益相关者，无论他们是否出席，你都可以在转型过程中提高他们的参与度。

做出决策

为了让HR转型更有效率，需要做一系列的决策。我们发现，大多数优秀的领导者在决议模式明确的前提下，愿意做出决策。我们发现了能形成决议模式并推动转型变革前进的五项原则（见表8-2）。这五项规则可以为HR转型团队所用，以纪律严明的方式推动转型变革。

表8-2 关于决策的五大原则和HR转型的应用

决策领域	原则	在HR转型中的应用
决策澄清	明确需要做出什么决定	HR转型团队应该确定下列各项： • HR转型团队，包括成员和领导者 • HR转型的立项：谁牵头立项，并进行准备和总结 • HR转型的成果：变革的成果是什么，如何区分 • HR部门：直接负责的部门 • HR实践：优先级排序以及做出改变的方法 • HR专业人员：如何更新他们的技能和知识
决策责任	安排某个人为决策负责	• 负责人可能是CHRO、负责HR部门的HR或者其他接受本项任务的人员
决策时间表	确保做出的决策有公开的最后期限	• 应该依据决定的范围和规模，确立每一项决策的最后期限。这个信息越是公开，效果越好
决策流程	建立决策流程（选择合适的人员和方法等）	• 决策流程定义了如何做出决策：包括涉及的人员（HR、业务管理者、其他利益相关者）、决策需要精确到何种程度（HR决策选择后所面临的风险），以及做决策的步骤
决策后续工作	追踪并关注决策的执行	• 追踪意味着衡量并了解到决策是否准确，以便更好地学习和改进

当这些规则在 HR 转型变革团队需要决策时得到应用，整个团队也更像是在用一种高效的方式来开展工作。

制度化

将 HR 转型变革制度化，要求通过整合 HR 工作流程并将转型变革构建到企业文化中，以将变革过程融入组织并持续发展下去。

整合 HR 工作

虽然本书分章节介绍了 HR 部门组织架构、HR 实践和 HR 人员，但如果将这三个议题看成 HR 转型过程中孤立的某一部分，可能会在实现期望的工作成果的过程中导致工作脱节。现实中，HR 部门组织架构、HR 实践和 HR 人员三方面的问题应该平行解决，而不是按顺序进行。例如，如果要对绩效管理体系进行改进以促进更紧密的协作，就要确保人员培训项目也能提高员工的协作能力。在 HR 人员、HR 实践和 HR 部门变革的过程中管理三者的整合，在变革的初期耗时耗力。但随着时间的推移，你会欣喜地发现，整合过程会变得越来越标准化和规范化。HR 转型团队一定要以发起者的视角来审视整个 HR 部门的当前状态，对照既定输出成果目标来判断，确定需要做出哪些改变、如何改变，由此确保 HR 实践、HR 部门组织架构、HR 人员之间能够整合在一起并且协同一致。

改变企业文化

我们对文化的定义是：能反映出外部客户和投资者期望的那些企业内的行为模式。实际操作中，很容易关注具体的某一事件和行为，而不是行为模式。然而，要进行持续的 HR 转型变革，更需要关注的是一系列行为（行为模式），而不是单个的事件或行为。在 HR 转型过程中，要关注主动性行为模式（不是一个一次性事件或一系列相关事件，而是一个体现了新思维模式的新行为模式），新形成的行为模式发生在这些所涉及的行为融入完成工作的方法中时。变革并不是那些在某个工作坊、团队会议或过程回顾中发生的某件事，而是在所有工作行为中自然而持续地发生。建立一个新的思维方式，意味着 HR 领导力模型和鼓励 HR 专业人员要不断地学习新知，摒弃旧习，提升自我，接受变革的必然性。

新行为模式意味着企业新文化的建立。我们发现，只有那些能够关注外部客户要求的企业文化才能长久。HR 部门在企业内部所做的改变，能够也应该同外部客户与投资者的要求之间有明确且直接的联系。变革不是让员工分心的无聊恶作剧，而是一种能够全面改进企业发展方向和运营结果的方法。多次发生的事件会变成一种模式，人们的行为会逐渐被同化。身份认同感开始形成，变革就会一直持续。

监督和学习

任何转型变革都需要对进程进行衡量，这样才能知道哪些工作有效，哪些工作不可行。通过这些衡量，可以更好地开展学习和得到改善。HR 领导者需要明确有哪些领先指标⊖（leading indicators）并对其进行衡量，从而帮助自己尽早识别出预示成功或失败的信号；同时要贯彻落实学习改进机制，HR 部门可以通过这一机制找出工作中的有效项和无效项，调查原因并开始改变，以确保未来绩效得到改善。当学习和改善过程开始进入良性循环时，如下的循环关系就会呈现出来：对相关指标的追踪带来了更强的业务洞察力，由此带来持续改善和为未来而开展的学习，再由此带来更优的结果（这些结果是可以被衡量和追踪的）。在成功的组织中，监控和学习会持续不断地进行，无论是鼎盛时期还是困难时期。

HR 领导者应致力于从收集到的有效和无效数据中持续监控，多渠道跟进定量和定性的数据，从数据判断发展趋势和课题。要追踪合适的指标

⊖ "领先指标"和下页的"滞后指标"是卡普兰和诺顿在《平衡计分卡》一书中的概念。领先指标是影响公司未来收益的指标，涉及客户、内部经营、学习与成长方面的过程性指标；滞后指标是反映公司过去财务情况的指标。——译者注

而不是容易操作的指标——将行为项（做什么）作为领先指标，将成果项（完成了什么）作为滞后指标（lag indicators）。HR 领导者要学会从一系列事件中发现行为模式，批判性地、创造性地思考问题，对于优劣势坦率而自知，尝试新的事物，运用最佳实践，不断寻求反馈。

制度化还意味着将 HR 管理的新方向和新需求融入 HR 体系。这就需要雇用新的 HR 人员，他们拥有符合未来工作需要的技能；重新设计和发布 HR 培训、绩效管理、薪酬制度和沟通的方案，以构建组织能力，这也是 HR 转型变革的关键成果。当这一切发生时，HR 转型才开始变得持续成功起来，可以在 HR 部门内外一起庆祝胜利，共享成功成果，或者从失败中吸取教训。

总结：开展 HR 转型变革的过程

当这七个条件都具备时，HR 转型的各个里程碑才有更高的实现可能。当这些里程碑实现后，HR 专业人员才会完全成为推动企业前进的合作伙伴。HR 能帮助企业从个人和组织中获取最大化价值，与此同时，HR 能够帮助企业满足员工的需要，实现其梦想和抱负。身为 HR 专业人员，能够同时为企业和员工的提升做出贡献，这是何等荣幸！

工具 8-3　责任和变革

阅读本书后，是时候进行变革了。聆听戴维·尤里奇的总结，承担起改变 HR 行业现状的责任吧！

详情请登录网站 www.TransformHR.com。

第二篇

HR 转型案例研究

第 9 章

伟创力：从零做起，构建战略型 HR 组织[○]

虽然普通消费者可能没有听说过伟创力（Flextronics），但是大多数人都使用过这个公司制造的产品。伟创力是世界最大的电子产品制造和服务供应商之一，为很多领先的电子公司提供一站式生产及相关服务。伟创力的年度报告中列出的主要客户有思科、戴尔、惠普和施乐等。其实，人们在使用品牌数码相机时，可能都会惊讶于由伟创力设计、生产和销售的影像设备市场占比之高。从产品工程设计到制造和装配，从产品分销、仓储到退货和维修，伟创力为网络和电子通信设备、计算机、家用电子产品和医疗设备公司创建了印刷电路板（PCB）、机电元件、子系统甚至整套系统。伟创力在 2009 财年取得的收入超 330 亿美元，员工人数超 20 万，持续地展现了其在电子制造服务行业的领导地位。

第一阶段：商业环境

1993～2003 年，伟创力通过灵活敏捷的扩张策略和战略并购，其业务规模从 1 亿美元增长到 150 亿美元，在行业内的收入排名从第 17

[○] 本章执笔人为保罗·汉弗莱斯（Paul Humphries）和奎因·威尔逊（QuinnWilson）。其中，保罗于 2000 年加入伟创力，担任全球运营部门的副总裁，负责四大洲 30 多个生产和设计工厂的管理工作；奎因为伟创力全球 HR 业务合作部门的副总裁。

名飙升到第 1 名。在其增长的顶峰时期，伟创力领导人将公司建设成为"9·11"事件后世界上最大的电子产品制造服务公司。

在电子制造服务行业，因 2001 年互联网和电信行业泡沫破灭而停滞时，伟创力管理团队在接下来的 4 年时间里，重点通过架构重组、关闭工厂、减少开支等措施，来保持其在行业内的领导地位。尽管这些举措控制了成本，然而，公司的业绩增长速度逐渐放缓并趋于平稳。伟创力过去 10 年的快速扩张主要是源于公司卓越的企业文化，这一文化在北美、欧洲和亚洲地区的各分公司产生了很大价值。与此同时，电子制造服务行业的商业模式也发生了变化，客户要求不管产品产自哪个地区，都需保持一致的产品质量和交付质量。同时，它们希望在巴西、墨西哥、中国和匈牙利等新地区也能提供相关的服务。

当伟创力在北美的竞争对手面临着同样的挑战时，以前从未被当作竞争对手，而且有着截然不同商业模式的中国台湾企业，逐渐占据了市场，并保持了每年高达 20%～30% 的增长。北美和欧洲竞争者在成本高的地区纷纷关闭工厂和注销资产，而来自亚洲的竞争者以少量基础设施投入，逐渐获得了较强的竞争优势。

虽然 2006 年伟创力依然在行业中占据主导地位，但其管理团队已经意识到，要想活下去，就必须采用新的商业模式，一个能更好地满足不断变化的客户需求，同时也能为企业提供更完善的全球成本结构的新的商业模式。简而言之，领导团队认为，伟创力需要彻底改造自己。

在新模式设计的启动阶段，伟创力调查了公司上下 150 名高管，以识别促进企业发展、提升盈利能力的最重要的因素。调查结果建议，公司应组建以市场和产品为中心的全球化业务单元，由集中化的全球服务组织提供支撑。相应地，公司需配置具备市场营销经验的总裁，以改变以前各地域制造业专家担任企业领导者的方式。

调查还发现，缺少战略性 HR 职能是影响公司成功的主要障碍。虽然伟创力是规模达数十亿美元的全球化公司，但是它却没有统一管理的 HR 部门，HR 工作没能与实现企业战略这个目标有效地结合起来。在公司收购工厂、购买设备的同时，人才也与日俱增，而逐渐庞大的 HR 团队仍然基于地域运作，其工作主要集中在传统的策略执行和基础人事等日常工作，包括人事安排和发薪等。伟创力的领导者意识到，如果企业缺乏对战略性 HR 能力的关注，包括对整合的人才管理体系和组织有效性的关注，便无法实现自己设定的极具挑战性的发展目标。

在清楚地了解企业现状，认识到集权的战略性 HR 部门能为企业创造更大的价值后，伟创力高管团队委派保罗·汉弗莱斯负责创建全球 HR 组织。保罗·汉弗莱斯在博格华纳公司（Borg Warner）、联信公司（Allied Signal）、霍尼韦尔公司（Honeywell）和伟创力就职时积累下了丰富的运营和管理经验，其早期在博格华纳的职业生涯中也积累了丰富的 HR 工作经验。

第二阶段：识别关键的组织能力

汉弗莱斯和他的 HR 转型团队获得了一个极其难得的机会。不同于其他 HR 转型团队致力于推动 HR 部门从非战略性向战略性转型，汉弗莱斯面临的挑战是，要从头开始创建一个全新的 HR 组织，当然这也是一个难得的机会——一切从零开始。由于汉弗莱斯不是 HR 出身，这使得公司高层从一开始就将其视为同僚，对新成立的 HR 部门给予了充分的信任。作为一个有凝聚力的队伍，汉弗莱斯公司的 CEO 迈克·麦克纳马拉（Mike McNamara）和战略团队的其他成员决定与中国台湾的企业竞争，通过合理地平衡收购和自身的有效增长，继续保持其全球市场的行业领导地位。战略团队在制定战略细节时，一致认为支撑企业在新战略方向成功的三项关键能力是领导力、客户关系和效率。

领导力

迈克·麦克纳马拉于 2002～2005 年担任伟创力的 COO（首席运营官），并于 2006 年 1 月被任命为伟创力 CEO。他的使命是构建并引领公司的全球化重组，为组织制定清晰的长期愿景。为了尽快完成伟创力从多个独立小事业部向大型集权化全球公司的转型，麦克纳马拉和他的团队认为，一致的领导力是企业成功的关键。他们以一系列强大的公司价值观为基础，力图在整个公司创建一致和持续的领导力行为模式。

客户关系

尽管 2002～2005 年伟创力的发展出现停滞，但 2006 年，伟创力从单一的合约制造商转变成供应链上下游集成服务商，因此业绩较大部分竞争对手都出色。公司业务扩展至产品设计和服务开发、零部件和最终产品的供应，以及物流、维修和分销服务。伟创力意识到，供应商如果能在生产流程上帮助客户承担更多，那么能为客户提供的服务也会更好。为此伟创力拓展了垂直整合服务，例如，某个客户将整个数码相机从设计到分销全流程外包给伟创力，从合作中获取了巨大的价值。麦克纳马拉、汉弗莱斯及其战略团队成员始终认为，维系良好的客户关系是实施新战略的关键。

效率

除领导力和客户关系以外，实现协同增效、减少废物排放、提升跨部门知识共享、高效低成本地生产更优质的产品，对企业的发展和成功也起着关键作用。从一个分散的区域管理模式向全球集成管理模式转变，要求企业更关注整个集团全球范围运作的效率。因此，公司领导者选择了"效率"作为推动新战略成功实施的三大要素之一。

在清楚界定伟创力的关键组织能力后（包括领导力、客户关系和效率），汉弗莱斯开始打造全球化 HR 组织，为伟创力的新战略方向提供支持。

第三阶段：HR 设计——发展 HR 组织、设计 HR 实践、培养 HR 人才

新的 HR 组织构建从严格的标杆公司选择开始。伟创力需要可靠的、与战略方向一致的全球性 HR 方案，但在这一点上，伟创力以前是非常缺乏的。频繁地与大学交流、参加战略性 HR 会议是第一步。在这些交流过程中，汉弗莱斯遇到了很多人，包括戴维·尤里奇和其他最终成为伟创力标杆公司的管理者。至此，汉弗莱斯组建了规模不大但凝聚力很强的 HR 转型团队，成员包括伟创力亚洲区 HR 副总裁黄英祺（Richard Wong）和负责组织有效性的高级副总裁帕特·赫希尔（Pat Hehir）。

HR 战略

经过慎重考虑以后，HR 领导团队决定部署下列 HR 战略：伟创力 HR 部门是战略合作伙伴，负责确保企业拥有世界一流的领导力、更紧密的客户关系和行业领先的高效率。以上目标的达成需要基于"发现、设计和交付"构建强有力的组织架构，以更关注于人才管理、爱岗敬业的员工队伍和敏捷应对变化的能力。HR 战略团队意识到，对 HR 战略的支持不是自然形成的，持续保持与领导者、HR 专业人员和部门经理的沟通并获得他们的支持是维系变革的关键。HRBP 和部门经理在维系变革中至关重要。为了增进他们对 HR 转型和理解，团队邀请尤里奇在全球领袖高峰会上为 150 多名高管介绍 HR 转型的过程、如何实施转型，以及如何构建和提升战略性 HR 部门在组织能力中扮演的重要角色。

接着，HR 转型团队还将伟创力的愿景、目标、期望的公司文化、

HR 战略等信息逐级分享给所有管理人员。之后，汉弗莱斯及其团队中的资深成员亲自到四大洲的 50 多个子公司、分公司和办事处进行信息传递和分享。数千名一线经理和当地 HR 领导者直接从汉弗莱斯处获取信息，了解 HR 部门在组织中的角色演变以及对 HR 人员的期望。

HR 组织

2005 年，伟创力在美国的 HR 部门主要由负责薪酬、福利和基础 HR 事务的工作人员构成；在墨西哥和巴西的 HR 部门主要是以地域来划分的；欧亚各分公司和办事处都是以国家为基础的各不相同的 HR 功能模块。显而易见，这种模式在全球 HR 有效性方面存在很多提升机会。

汉弗莱斯采用了"发现、设计和交付"的 HR 组织模式。"发现"由 HR 业务伙伴（HRBP）负责，他们是全球各领域和业务单元的战略家，融入高层领导团队并对各业务板块 / 单元的战略负责。"设计"包括多个领域的能力中心，比如薪酬、学习和发展以及 HR 卓越运营。"交付"则指支撑亚洲、欧洲和美洲三个业务区域，具备一定规模的区域 HR 运营机构。汉弗莱斯选择这种模式有两个原因：第一，他希望构建一个可扩展的组织，在经历快速增长时，仍能保持成本效益；第二，他要确保 HR 部门的战略高度，用以随时发现应如何采取行动才能匹配业务的动态变化。

发现：培养 HR 业务伙伴

HR 转型团队认为，HR 成为业务板块不可或缺的部分是十分重要的。鉴于不断变化的商业模式和增长计划，HR 转型团队决定 HR 支撑战略的活动应与企业已有的那些支撑策略的活动分离开来。奎因·威尔逊受命出任 HR 副总裁，旨在构建 HR 战略能力。HRBP 一般是从外部招聘并分配给每个业务板块。他们的工作包括组织规划和设计（具体包括战略制定、目标分解与制定、组织设计)、高层领导力发展和指导(包括继任计划、高潜人才的发展和 360 度辅导),以及驱动组织有效性的领导力(包括变革管理和团队有效性)。汉弗莱斯还希望 HRBP 成为文化守护者,推动并管理麦克纳马拉及其管理团队确定的公司文化在全公司范围内的传播和践行。他们要为所支持的业务单元制定 HR 战略,帮助高层领导在公司上下清晰解读和传播企业战略,获得员工对战略的认同和支持。

为了确保 HRBP 能持续成为战略资源,也为了进一步强化战略性 HR 与事务性 HR 分离,HR 领导层围绕 HRBP 的角色和职责制定了非常具体的指南(包括参与规则和原则性要求)。当业务部门管理者想要创建适合自己业务单元的 HR 服务时,这些原则性要求提供了一个健康的"检查和校正"系统。此外,参与规则非常明确地与公司文化联系在一起时,也加深了 HR 专业人员和部门经理对 HR 存在的意义及 HR 价值创造的理解。

目前,21 位资深 HRBP 构成了 HRBP 团队,这些人不仅要发挥个人贡献,还要推动伟创力内部不同业务板块 / 单元的战略性 HR 重点工作的制定与实施。

设计:建立 HR 专家中心和 HR 外包

汉弗莱斯认为伟创力正在迅速发展,公司需要在人事管理、薪酬福利、学习和发展、并购等领域积累更多的专长。很显然,伟创力的 HR 部门需要在这些专业领域建立标准化流程。为了满足这些需要,专家中心(COE)应运而生,专家们针对 HRBP 以及 HR 运营组织提出的需求,制定广泛适用的、行之有效的解决方案。

COE 的定位是,为业务板块、区域 HR 运营组织以及实现文化融合设计核心流程和系统。HRBP 为流程和系统设计提供输入,而方案的实施主要由配置到各业务板块的 HR 运营支持人员负责。

伟创力建立了几个战略性 COE,包括企业社会和环境责任合规、整体薪酬回报(薪酬和福利)、学习和发展、企业沟通、HR 卓越运营中心

（衡量标准和流程优化）和人才获取。在与 Cornerstone 和 Workday[⊖]等外部服务商合作的时候，能力中心开发并引进全球 HR 管理系统，使用最先进的定制化软件来支持人才获取、绩效管理、在线学习、薪酬管理方案和跨区域的 HR 数据管理。

交付：HR 运营与人事服务重组

在汉弗莱斯出任 HR 部门负责人时，"交付"组织已经开始运转。伟创力非常需要提升高层领导力以应对极具挑战的增长目标。一年多来，汉弗莱斯花了大量的时间审视区域 HR 运营组织的能力和流程。与 HRBP 部门一样，汉弗莱斯招聘外部人才来提升伟创力各区域 HR 运营组织的能力。伟创力的多次并购也带来了很多 HR 管理人才，如 2007 年对旭电公司（Solectron）的并购，5 万员工被纳入了伟创力的队伍。

在汉弗莱斯看来，HR 运营组织必须能够交付 HR 核心服务，同时管理 HR 战略在各区域的执行，包括员工关系、企业社会和环境责任合规以及人才获取等。当前，每个区域都有一支非常能干的团队，服务全球 80 多个地区、20 多万员工。

除了 HR 运营人员外，高质量的 HR 服务和战略也需要高效低成本的管理。伟创力使用几个专业系统来管理绩效数据、招聘流程、福利登记、学习管理和其他核心流程。近来，伟创力启动了一个长期项目，目的是进一步提升管理能力。伟创力全球 HR 共享服务战略已制定，并将在印度金奈设立中心，负责服务美国和加拿大的员工。同样地，伟创力在中国也启动了共享服务试点项目。伟创力还打算创办几个区域服务中心，为 30 个国家的员工提供服务。

此外，伟创力处在全球 HR 信息系统实施的初期阶段，系统的实施最终将实现员工和管理者的自助服务，以及全球化报告和数据共享服务。这

⊖ Cornerstone On Demand 是世界领先的云技术人才管理软件和服务提供商；Workday 是一家 ERP 软件供应商、人力资源和财务规划软件提供商。——译者注

不仅提升了管理工作的效率，还为 HR 及管理决策提供了更有力的支持。

致力于 HR 发展

正如上文提到的，伟创力新的业务和 HR 模式要求新的 HR 胜任力模型。HR 领导者利用密歇根大学的数据和 RBL 集团的 HR 胜任力研究来确定"新 HR"专业人员的胜任力模型，以及如何基于胜任力模型评估 HR 专业人员的胜任情况。伟创力还制定了职业发展培训课程和胜任力指南，为不同职业发展阶段、不同角色的 HR 专业人员提供行为标准，指导他们如何运用各个胜任力，以及如何评估 HR 专业人员的胜任力。这个 HR 胜任力模型作为伟创力 HR 能力提升举措的一部分，被应用于各层级的人才选拔、评估和培养。总而言之，当从外部引进领导者负责 HR 部门后，内部将有很强的培养新领导者的诉求，包括清晰的职业发展通道、明确的职责定位，拥有与数据获取能力相匹配的战略发展机会。

第四阶段：责任归属和变革的长效机制

或许伟创力 HR 转型成功的最重要因素是得到了 CEO 迈克·麦克纳马拉的支持。此外，高级 HR 团队的支持和企业愿景对推进变革进展也是非常重要的。鉴于伟创力 HR 转型是自下而上的，顾问和领域专家在新的 HR 部门设计中采用了最先进的理论和实践也是功不可没的，最终有效平衡了部门经理、HR 专业人员和外部顾问的职责分配。

伟创力还曾经努力将 HR 实践、人才与客户和投资者有效连接，以保证其设计自始至终基于三项组织能力，即领导力、客户关系和效率。HR 转型方案的重点是培养领导者。满足客户需求的关键举措被列为最高优先级，系统和组织方案以实现最高效率为目标。

下一步

经过 3 年卓有成效的工作，伟创力成功创建了全球战略性 HR 组织，如今已正常运行，并为满足不断变化的业务需求而不断地优化。伟创力认为 HR 工作需随着业务变化，以应对新的业务挑战，因此，HR 转型是一个长期持续、永不终止的过程。虽然已经开展了很多工作，但还有很多举措有待落实。同时，HR 转型的进步和成功被视为伟创力的一大成就。接下来，就是执行、执行，再执行。

第 10 章

辉瑞：做小、创优、提速[⊖]

辉瑞公司（Pfizer）的 HR 部门像很多其他公司的 HR 部门一样，正在努力进行转型。在这一转型过程中，有些公司比辉瑞进展得快，也有些比辉瑞慢。过去数年间，辉瑞 HR 经历了巨大的变化，具体的细节由于篇幅原因，不能一一阐述。辉瑞的 HR 部门从以员工管理为重点的传统人事部门转变为新型 HR 部门，配备具有 HR 专长的领导者，同时为公司提供高质量的服务。我们和 RBL 集团的其他成员共同探讨时，发现辉瑞的 HR 转型项目已经获得了一些经验和教训，这些经验对于那些刚刚开始 HR 转型或者对现状不满意的企业有一定的价值。我们已经取得了很多进步，但我们的故事不会就此结束，因为未来的路依然漫长。

第一阶段：商业环境

辉瑞是世界上最大的制药公司，但并非向来如此。20 世纪 90 年代，公司销售自己生产的产品，经过多次兼并，取得了长足的发展。2000 年兼并华纳-兰伯特公司（Warner-Lambert）以及 2003 年兼并法玛西亚

⊖ 本章执笔人为克里斯·阿尔蒂泽（Chris Altizer）和米歇尔·博尔登（Michele Bolden）。其中克里斯是辉瑞集团 HR 政策部门的副总裁。米歇尔是辉瑞集团 HR 副总裁，负责领导力建设、人才开发、组织设计等。

公司（Pharmacia）就是典型例子。员工人数从 4 万人达到 2000 年的 8 万人，再增加到 2003 年的 12 万人，现在，有员工 8.2 万人。可见 HR 部门的工作满足了企业的基本要求。但是，企业的基本需求在不断增长，高影响力的 HR 工作——HR 管理对推动业务战略的贡献这一核心能力必须显著加强。

辉瑞是一家富有企业家精神和创新精神的公司，并且拥有与之匹配的企业文化。这些"基因"虽然有利于新产品的开发和营销，但却未必有利于实现支持部门高效率和标准化运作的平衡。在兼并法玛西亚公司之后，HR 部门的工作可谓是运作混乱。辉瑞有三家大型传统子公司，在公司不同部门内拥有种类繁多的 HR 实践和系统，如不同的薪资发放方式、养老金和福利计划等，绩效管理和人才政策各不相同，HR 部门的功能定位也不一样。

这些差异直接导致 HR 部门过于臃肿且无法提供具有竞争力和成本优势的服务。除了基础设施冗余外，HR 部门缺乏多元化的创新观点。这是由于公司主要从内部提拔人才或者通过兼并吸纳人才，没有开展具有针对性的人才招聘。更重要的是，HR 部门没有推动业务成果的记录。

我们这里讲述的故事是如何在支持企业业务发展的同时，应对一个身处变化的市场，正在转型的公司所面临的问题。辉瑞面临产品专利失去保护的隐形损失，其中包括全球销量最大的处方药立普妥（Lipitor），外部环境的挑战更是层出不穷。

详谈细节前，我们有必要了解，辉瑞原本已经开始着手解决这些问题，只不过这些措施断断续续。自 2000 年开始，辉瑞历经四位 HR 领导，新 CEO 上任后，高管层也出现了巨大的变动。虽然辉瑞制订了很多计划，在很多领域取得了进步，但是由于领导层的频繁变化和人们对于变化中的公司文化的抵制，变革行动的力度和影响力大大减弱了。2007 年，辉瑞终于面临着规模紧缩和效率低下的问题。

转型需求：项目规模

为了兑现自己的承诺，辉瑞 HR 部门要将着眼于公司内部事务的传统的人事部门转变为注重企业和行业发展需要的 HR 部门。表 10-1 显示了从股东和管理层的角度按照标准数据评判 HR 工作绩效的方法。

表 10-1 辉瑞 HR 绩效评判

衡量标准	最佳	中值	最差	辉瑞
HR 人数比	1∶118	1∶3	1∶67	1∶51
人均 HR 费用（美元）	1 058	1 611	2 466	4 616
HR 收入百分比（%）	31	51	72	82

HR 部门分析了当时的工作时间分配情况，发现 75% 以上的沟通是和其他 HR 同事进行的，而不是怎么样推动业务发展。从历史来看，辉瑞当时还没有对应企业战略的清晰的 HR 战略或运营模式。企业内部对 HR 部门的评价既有肯定又有否定。"我喜欢我的 HR，但是讨厌 HR 这个部门。"这是常见的一句评语。以批判角度看，辉瑞认识到 HR 部门没有以快速、高效的模式运作。

2007 年年初，玛丽·麦克劳德（Mary McLeod）加入辉瑞公司，担任 HR 部门主管。这一年，HR 领导团队确定了 HR 部门的目标和行动计划。作为也许是公司历史上第一个 HR 领导团队，辉瑞决定打造世界一流的 HR 部门。这说起来容易，相信所有读者都有可能说过这句话。辉瑞要做的事项如下：

- 让 HR 领导者负责构建支持辉瑞竞争优势的工作，重点是设计组织架构，重建公司文化，培养公司的领导者和其他领域的人才，引领变化。
- 确保 HR 部门有能力设计并执行辉瑞的企业战略，支持与员工相关的流程和项目，使 HR 部门的架构和重点专注于提升辉瑞的竞争优势。

- 重新界定 HR 部门、辉瑞管理层和员工之间的关系。这意味着要采取新的工作方式去帮助业务管理者充分利用时间，借助基于网络的工具获得信息，以便能尽快做出业务决策，并迅速采取行动实施这些决策。
- 尽可能将日常工作集中到一个部门，以便于在整个公司实行标准化操作，提高服务质量和信息获取的便捷度，提升速度，降低成本：HR 日常操作服务按照一种方式，在一个地方，由一个团队提供。
- 作为推动企业既定业务目标实现的高绩效推动者，而不是变革阻碍者。

这样的抱负非常远大，但挑战是要卓有成效地实现目标并能跟上公司的业务节奏。

计划

辉瑞希望能尽量少地依靠咨询师来实现目标，我们认为公司也拥有相应的人才和资源，只不过需要一定的帮助以进行变革，因为之前没有类似的经验。辉瑞邀请 RBL 集团的马克·尼曼来帮助我们，在一开始就坦诚面对自己的问题，从而脚踏实地去解决。

辉瑞确立了三条基本的设计原则来指导工作。第一条原则是接受现实。辉瑞不可能事事领先，在所有领域都做到世界级的水准。作为制药公司，HR 部门的目标是推动企业发展，尽可能实现辉瑞的五大目标：收益最大化、降低成本、强化公司文化、实现对利益相关者的承诺、提升员工敬业度。第二条原则是参与。HR 部门集体的智慧远远超过了 HR 领导团队 10 个成员的才能。HR 部门下定决心，要求尽可能多的 HR 同事参与，不仅是为了从他们的知识中获益，同时也使他们对结果更有主人翁精神。第三条原则是不断实践和持续改善。因为一次性行为无法完成三年的计划，这需要持之以恒。图 10-1 列出了 HR 部门完成这项变革所需的时间进程安排表。

计划第一年：2007 年
- 指派新的 HR 高级副总裁
- HR 领导团队逐渐成型
- HR 转型开始，并启动项目
- 成立 HR 转型各个分项目团队

计划第二年：2008 年
- 继续建设 HR 领导团队，不断增加具有领导力的人才的数量，选拔新的领导者，指定新的岗位
- 主要界定集团 HR、业务单元 HR 和管理与运营支持小组（MOS）三个团队之间的无缝运营模式
- 针对建立新的组织模式，确定多元和包容的人才和组织能力，以及整体薪酬管理优先顺序的方案最终定稿
- 宣布最高 HR 领导团队的组成及任命，包括 HR 领导者和管理与运营支持小组的领导者

计划第三年：2009 年
- 完成 HR 转型，达成项目考核指标
- 通过有效开展更广范围的项目，实现更高的绩效
- 通过在辉瑞实施整合的人才战略，建立更强大的人才梯队

把 HR 管理工作的目标定位为大幅提高工作效率，使 HR 工作有效，拥有更多人才来帮助、引导企业的成长

图 10-1　辉瑞 HR 转型进程

HR 部门已确定了 HR 转型过程的各个阶段，分析了企业的需要。现在还没有完成四个阶段的全部工作，但在此，有必要说明一下我们的观点：

- **第一阶段**：商业环境是理解并准备 HR 转型立项工作的关键。明确了具体的规模后，才能更加圆满地完成变革。
- **第二阶段**：业务成果主要集中于理解业务单元与企业当前和未来的需要，评价每项业务的战略驱动因素，评估企业当前和未来的文化需要。在了解了业务需求及甄别机会之后，其结果是明确了对 HR

管理的要求以及认同了的 HR 管理的具体行动清单。

- **第三阶段（3.1）**：工作分类（重新设计 HR 第一步），主要是确定 HR 管理工作的成果、产品或服务，明确工作的性质是战略性的还是日常性的。这个阶段希望得到的结果是，HR 部门提供产品或服务需要增加、减少或者取消的决定。
- **第三阶段（3.2）**：工作重组（重新设计 HR 第二步），意味着确定 HR 部门哪方面的工作可以完成得最好，最终得出结论，明确工作的组织方式，谁来牵头完成这些工作，在哪里完成。
- **第三阶段（3.3）**：人才模型（重新设计 HR 第三步），主要考虑把合适的人放在合适的岗位上，明确成功的 HR 交付需要哪些核心胜任力，测评 HR 人才，明确需要提高的领域。
- **第四阶段**：项目实施涉及的内容包括实现 HR 举措的交付速度、应进行的主要活动、项目相关者的管理、建立变革管理和项目计划。预期的结果是 HR 组织积极参与，其成员有明确的责任归属，而且明白如何为企业增加价值。

第二阶段：业务成果

HR 领导团队要求高层领导者介绍企业当前和未来的经营状况。HR 领导团队明确要求他们不要谈论 HR 管理或者他们对 HR 部门的需求。我们的职责恰恰就在于彻底地理解企业的需要，制订 HR 解决方案，推动企业的成功。要取得成功，不仅要关注企业发展本身，还要理解整个行业的发展趋势以及面临的挑战。领导者们积极参与进来，尽管时常会感觉在沟通过程中不去谈 HR 管理工作有点困难，但是经过双方的共同努力，最终明确定义了开展 HR 转型的商业背景。

通过这些讨论，HR 领导团队认定新的 HR 高端举措超越了领导力、人才和文化的范围。其目的是确定为了实现企业目标需要的举措，包括如何推动企业战略发展、组织业务活动实现最佳业绩和辅助企业各部门进行协同工作的方法。我们将 HR 管理工作明确为企业的成功助力，我们必须是驱动因素。随着 HR 部门工作定位的改变，HR 领导团队开始界定与此相关且必备的 HR 胜任力。最近，由 RBL 集团和密歇根大学罗斯商学院开展的 HR 胜任力研究促成了辉瑞 HR 领导团队的想法，并最终建立了新的 HR 胜任力模型，现在辉瑞正在应用这个模型。

第三阶段（3.1）：工作分类（重新设计 HR 第一步）

前面两个阶段完成后，我们开始了第三个阶段——工作分类。在与其他公司讨论的时候，我们意识到，这个阶段往往是最容易敷衍的阶段，若不仔细慎重，还有可能导致灾难性的后果。有些令人尊崇的公司往往选择了只注重 HR 各个职能的专业功能性，而不曾展开详细的分析。我们得知某个公司决定将"HR 的事务性"工作外包给知名的 BPO⊖服务商，更新其 HR 人才，精简 HR 部门，要求提升工作效率，所有项目一起并行。由于这方面的工作没有提前界定好，结果外包商只承担了部分事务性工作，而新上任的能干的 HR 业务伙伴依然是做一些"上不得台面"的工作，其作用没有得到重视。HR 人才怀才不遇，部门经理不开心，有价值的 HR 管理工作没有完成。这样的情况值得我们谨慎对待。

我们创建了几个跨部门团队，开展详细的分析，并明确了跨部门和跨地区工作的细微差别。最初的关注重心是人事管理通才、人才引进、学习和发展、组织有效性、员工薪酬和福利、人才管理运营、沟通以及多元化与融合。初期工作集中在美国的公司，那里有 45 000 名分布在不同办事处和部门的员工。其间涉及的工作没有太多新奇的成分，但是参与其中的人很快认识到了利害关系。工作的成果主要体现在一页又一页的工作报表

⊖ BPO（business process outsourcing，业务流程外包）是指企业检查营业流程和相应的职能部分，将这些流程或职能外包给供应商。——译者注

上，主要内容是工作完成的情况和执行者。而工作分类的关键本应该是界定每一项任务是不是具有竞争优势、战略性或基础性的工作。

简单来说，所谓具有竞争优势的工作就你所在企业的业务范围。对于辉瑞而言，药物探索、开发、营销和生产就是具有竞争优势的工作。虽然一开始很难接受，但我们很快就意识到，当前的 HR 工作中并不存在任何竞争优势工作——这些是由翰威特、RBL 或其他咨询公司来做的。我们的工作要么是战略性工作，要么是一些基础性工作。

即便是对 HR 管理工作进行区分，事实证明，这居然也是具有挑战性的。当然，没有哪个 HR 专业人员希望认定自己的工作不具备战略意义，但事实上大部分工作都算不上具有战略意义。75% HR 专业人员的时间花在和其他 HR 专业人员沟通上面，这听起来匪夷所思。战略性工作是指能够加强竞争优势的工作；基础性工作则是指那些若不能圆满完成，就有可能导致战略性工作失效的工作。制订亚洲扩展商业计划是战略性工作，确保人员及时拿到工资是基础性工作。我们还意识到了另外一个微妙之处，即具有法定要求的基础性工作。比如，支付薪水是基础性工作，那么按劳付薪，保证其间没有不公平分配或歧视现象，就是法定要求的基础性工作。

我们抓住机会让同事们理解：几乎每个人所做的事情都有其战略意义和基础作用。战略性工作不是专属于高层领导者或者变革专家的，而基础性工作同样也能为企业创造价值。我们要帮助同事们以这样的逻辑方式看待 HR 管理工作。虽然这看似是不起眼的差别，但当我们组织开展具体工作时，就会发现其相关性。最初，在战略性工作和基础性工作的区分上我们颇费周折，花了几个星期的时间，而且还很容易混淆，最终我们确信细致的区分是工作开展的基础。在完成工作任务分类之后，我们便决定如何完成这些工作，即明确具体的工作组织方式。

第三阶段（3.2）：工作组织（重新设计 HR 第二步）

辉瑞是一家大型的制药公司，主要生产药品和兽药，其各大职能机构，包括商务、研发、生产、药品和集团总部等，规模巨大，呈现多元化，因此也可视其为业务单元。从历史角度来看，很多 HR 基础性工作是由业务单元内部的 HR 团队完成的，直到 2003 年，辉瑞设立了美国的 HR 服务中心。集团 HR 部门负责高级人才管理、绩效管理、多元化以及薪酬工作，然后由每个业务单元内部的 HR 团队具体微调和实施，当然时有类似的重叠工作，有时还忽视了集团提供的流程。完成工作分类之后，这些冗余工作现象就凸显出来了，提升工作成效的机会也就显而易见。

为了专心致志地工作，避免工作冗余现象，必须确定 HR 组织模式并明确职责。最终的设计包括主要三种机构：集团、业务单元、管理和运营支持小组。

集团（专家中心）

最基本的原则是使专家中心精简并专注于影响整个公司的工作。

- 负责薪酬和福利的小组设计公司薪资福利理念，开发项目，并为业务单元提供服务。
- 多元化和融合小组的负责人负责设计人才多元化战略，并为业务单元的 HR 多元化和融合工作设定目标，确立工作的优先级。
- HR 规划小组负责制订部门职能战略计划，包括预算和运营计划。
- 人才和组织能力小组是卓越人才管理和组织发展中心，与 HR 业务合作伙伴和 HR 各职能分支经理合作。
- 人力资本政策小组负责将辉瑞的优良雇主形象引入医疗保健和公共政策中。

业务单元（HR 业务合作伙伴）

业务单元层面的 HR 管理工作的基本原则是将 HR 管理和业务工作紧密关联。

- 业务单元 HR 致力于提升组织和领导效能，包括业务单元的组织设计、人才规划和发展、持续改进、变革管理、人力需求规划、敬业度培育、对业务单元管理人员的教练等。
- HR 业务合作伙伴（HRBP）负责和业务领导者合作实施业务单元的战略、组织设计和发展、变革管理、人力需求规划、持续改进和人才管理规划。
- 分析及报告小组负责提供推动企业决策的、针对 HR 数据和信息的需求。
- 业务单元的多元化和融合小组负责所在国家或业务分支机构的人才多元化和融合目标及重点工作的实施。
- 业务单元的人才和组织能力小组负责实施所在业务单元的培训、组织发展和组织有效性建设、人才引进、领导能力和人才发展的工具、流程和系统。
  - 学习及发展工作有三大类：技术培训、管理发展培训和通用技能培养。业务单元学习及发展小组负责满足业务单元针对岗位培训和教育需要。
  - 组织有效性小组工作的重点在于关注团队效能和变革。
- 业务单元人才引进负责推动部门层面的人才招聘战略。

管理和运营支持小组（HR 运营执行）

这里的基本原则是将 HR 基础性工作尽可能转移给管理和运营支持小

组实际完成：

- 使HR工作紧贴业务，以有效地支持组织和员工的成长。
- 在国家层面乃至在区域层面，提供最高水平的管理和运营支持工作。
- 各地管理和运营支持小组的领导与公司总部提供的传统的共享服务中心并存。
- 管理和运营支持工作包括绩效教练和提升计划、合规调查、年终薪酬管理、员工上岗和离岗工作、员工合规培训、肯定行动计划制订、实施新的HR流程、为经理提供教练支持等，从事这项工作的同事紧贴业务所在的地方，向当地运营汇报工作。
- 管理和运营支持小组将继续管理以下工作：
  - 服务中心的运营；
  - 工资及福利的发放；
  - HR政策和项目的执行；
  - HR技术战略和数据管理；
  - 职业生涯管理（支持领导者）；
  - 企业劳动力报告和分析。

集团和运营管理系统的工作要在全公司范围内保持一致。因此，不需要具备专门业务单元的知识来实现运营支持。不过业务单元的工作需要专门的专业知识，为各地区相应的业务单元服务。

退出HR通才模式

当前的HR通才模式不可能继续存在下去。HR主管肩负组织设计和发展、变革管理、人力需求规划、持续改进和业务单元的人才规划等工作。员工关系工作是嵌入业务单元内部管理者和运营支持工作人员的责任。HR 专员的责任与整个集团的 HR 部门有着密切的工作关系。集团 HR 部门负责设计全球项目，HR 专才的责任是在 HR 部门的领导下在企业的各地分支机构实施这些项目。

第三阶段（3.3）：人才等式（重新设计 HR 第三步）

HR 主管玛丽·麦克劳德上任后不久，就开始更新部门的人才通道，并且确定了新的有附加值的工作。除了引进销售副总担任集团的 HR 部门负责人外，她还引进优秀人才领导"薪酬和人才小组"，为商务和研发 HR 小组指定新的领导者。她在全球的职能部门范围内为 HR 确立了更强有力的领导地位，还增设了人力资本政策部门来扩展辉瑞 HR 管理工作对外界的影响力。当 HR 转型进入第四阶段——执行阶段时，需要选择和部署顶级的人才，在一个 HR 管理人才流动不畅的组织内将引入全新视角的任务提上日程。其工作的主要目标是将内部最有才干的人才安排在最关键的岗位上，以便在新成立的 HR 部门与管理和运营支持领导岗位上，实现已有人才的优化配置和新人才的妥善安置。

通过对各种胜任力的研究（包括 RBL 的 HR 胜任力工作）创建了辉瑞不同地区 HR 与管理和运营支持领导岗位的职责说明。在辉瑞集团首次开展胜任力研究的时候，HR 领导小组评估了整个组织的高级人才储备，并为关键的岗位选择了领导者。与那些 HR 实践做得好的公司不同，辉瑞在整个组织调动人才方面并不擅长，将个人才能与企业需要匹配起来的工作不够有成效。辉瑞考虑了多种要素，包括企业和领导人接任、个人优势和发展需要，特意留出几个高层岗位来吸引顶级的外部人才。有些 HR 通才走上了管理和运营支持小组的岗位，而 HR 专家则承担 HR 领导的工作。就在本书定稿之时，这些任务正在顺利进行，在整个企业发生了重大的 HR 人才的变动。

第四阶段：执行

2008 年年中，辉瑞开始实施 HR 转型。考虑到本书的成书日期，后来发生的事情将以将来时态陈述。但值得留意的是，在实施 HR 转型的过程中，辉瑞在 HR 人员身上减少了大约 4200 万美元的开支，主要是源于人员数锐减，而且项目效率和部门管理水平大大提升，与此同时大幅更新了人才库。

本案例描述的工作分类和组织的事务，只不过是辉瑞开展 HR 转型征程中的一部分。辉瑞在积极进行 HR 职能重构的同时，还实施了强大的流程，以排定任务的优先顺序，这样企业家精神和创新精神将能实现我们前面所述的五个目标：收益最大化、降低成本、强化公司文化、实现对利益相关者的承诺、提升员工敬业度。这五个目标是必须要完成的事务，辉瑞打算继续提升 HR 部门员工的业务知识水平，通过实施人才轮岗和人才引进的举措，兑现提供一流服务的承诺。所有这些举措将引领我们在新的征途上不断前行。

下一步

我们永远不会坐在功劳簿上沾沾自喜说"这就是成功"，相反，成功的表现方式有很多，包括在全球范围内以一致而高效的方式管理公司层面项目的能力，流程交付中的便利性，以及和企业领导者合作提升竞争优势的工作成效。成功有很多指标可以选择，辉瑞拥有过程和结果的两种衡量指标。此外，还有其他一些指标，包括 HR 人员有能力推动企业战略实施、变革，制定人才政策，建设公司文化等。在特定领域，由特定人员以特定方式专注于服务同事为导向的工作，能帮助辉瑞卓有成效地提升 HR 管理工作的效率，降低相应的成本。集团 HR 的工作成效表现在能够为公司做出最正确的有关人才的重要决策。同时，各个 HR 小组相得益彰的工作能共同为公司呈现其应得的、世界一流 HR 的工作价值。HR 转型的成功与否会明显地体现在 HR 人员已经深入参与辉瑞现在和未来的商业决策上。希望那也是我们将会续写的篇章。

经验总结

就辉瑞目前开展的 HR 转型而言，经常有人问我们有哪些经验和教训的总结。如果一一详述，这些经验本身可以独立成章，直至成书。鉴于篇幅限制，此处只做简单描述：

- 深刻理解工作的内涵。不要想当然地认为自己已经知道了该做什么、由谁来做或者如何去做的方法。收集数据不容易，但没有数据就执行转型变革，是不可能成功的。
- 让合适的人参与转型。不要把 HR 转型的工作随意授权，一定要让那些能把事情办成、能推进转型的人来共同完成。
- 一旦开始，就要有圆满的结果。我们的一个教训就是，本该半年就完成的转型，我们却花了一年的时间。所以，一定要注重项目的进度，避免因为忙于其他工作而无法集中力量推动转型，也不能为了应付各种紧急事项而将真正重要的事情延后。
- 人才是关键。RBL 最新的研究表明，普通人才经过精心组织，工作成果也能超越那些杂乱组织起来的顶级人才。但是，这两者都不可取，一定要让最好的人才承担转型的相关工作，必须尽你所能去招聘、选拔最好的人才。
- 努力于现在，着眼于未来。设计组织架构，定义岗位角色，为未来选拔人才；为了当前的需要可以有一定的妥协，但只有在如果不这样做就会干扰企业正常运行的情况下才可以，这也把我们带到了最后一条……

- 这次转型既不容易也不完美。没有人能拥有自己想要的一切,转型的过程也有可能会一塌糊涂。要让你的企业领导对转型有一定的期望值,但是不要奢求事事都得到他们的首肯,也不要奢望他们会牵头推动转型。他们有自己的工作要做,你也一样。赶紧着手去做吧!

第 11 章

英特尔：策略性向战略性 HR 的转型[⊖]

英特尔（Intel）是世界上最大的半导体公司，发明了大部分个人电脑中所使用的微处理器。英特尔公司于 1968 年由半导体先驱罗伯特·诺伊斯（Robert Noyce）和戈登·摩尔（Gordon Moore）创立。罗伯特·诺伊斯 1983 年入选"发明家名人堂"，而戈登·摩尔则以"摩尔定律"闻名世界。摩尔定律指出，集成电路上可容纳的晶体管数量每 24 个月就会翻一番。英特尔公司同时还生产主板芯片组、网卡、集成电路、闪存、绘图晶片、内嵌处理器和其他与通信及计算相关的设备。安迪·格鲁夫（Andrew Grove）是这家公司在发展过程中雇用的第三位员工。他在 20 世纪八九十年代负责带领公司，将先进的芯片设计能力与顶级的制造能力相结合。英特尔在 21 世纪继续发展，近年来它将创新的传统继续发扬光大，建立了战略性 HR 部门，充分利用最优秀的人才，实现技术的创新。

第一阶段：历史和商业环境

1999 年，英特尔的一个财务高管在机场等待航班期间遇到了公司

[⊖] 本章执笔人为理查德·泰勒（Richard Taylor）和帕蒂·默里（Patty Murray）。其中，理查德任英特尔公司副总裁和人力资源主任，负责全球范围公司的人力资源政策和项目。帕蒂为英特尔公司高级副总裁和人力资源负责人，负责全球范围内的人才招聘、人才发展和留任工作，并为英特尔公司 8 万多名员工提供技术方面的支持和服务。

HR 薪资部门的同事。交谈中，他问对方要去哪里，答案却让他大吃一惊："我现在正准备亲自把这盒薪水支票送出去，因为公司的系统出了问题，我们无法签发支票。"当面呈上薪资支票可能是传统工业公司的标准做法，然而对于世界上最大的半导体公司来说，这是无法接受的。这件事情很快就传到了其他高管的耳朵里，HR 部门很快接到命令，必须解决这个问题。

从 HR 的角度来看，当时的英特尔一方面正经历着高速的业务增长，另一方面还通过兼并不断扩大规模。企业的需求在不断地快速变化，员工对企业的期望值很高，并且还在不断上升。此外，技术能力的不断发展，无纸化办公、B2B 交易、电子商务都在飞速发展，而英特尔的运营能力已无法跟上技术和业务发展的需要。从本质上看，虽然大部分组织的 HR 部门可以有足够的时间慢慢进行自我提升，摩尔定律却从研发部开始影响英特尔的每一个部门，尤其是 HR 部门——一切都在以翻倍的速度增长，而不仅仅局限于集成电路上的晶体管数量。这些变化让 HR 主管痛苦地意识到，最基本的 HR 服务和福利制度不仅无法赶上公司前所未有的发展速度，也远远落后于客户的期望。

随着世界跨过千禧危机进入新世纪，尽管英特尔的 HR 部门不乏远忧近虑，也还需要改善提升，他们却认为一切尽在掌握之中。2000 年 7 月是暴风雨来临前的平静期，英特尔的股价在一股拆分为两股后达到了 64 美元。然而 3 个月后，整个行业大盘开始不断下跌，英特尔的股价也随之大跌超过 30%，公司开始感受到了互联网泡沫破灭的压力。我们着手审核 HR 服务交付的方方面面，发现了诸多有待提升的地方。英特尔的薪酬和福利制度设计得非常复杂，高度定制化，不便于管理。HR 部门的服务解决方案非常碎片化，很多都需要手动完成。英特尔 HR 系统是高度定制化的，而不是整合一体的，HR 部门的工作只聚焦于完成任务。我们还发现，HR 服务的质量不高（高达 10 万 DPM，即每 100 万次服务有 10 万缺陷的概率)、成本较高(与行业平均的 HR 成本水平相比达到了 80 分位)、企业内部顾客满意度很低(65%～85%)。同时,公司的 HR 部门被细分成了很多的单职能模块;HR 部门的文化是被动等待性的,人员缺乏最基本的工作技能,如数据管理、项目管理、供应商管理;我们在管理能力、专业程度以及商业和技术技能方面也存在着差距。

我们发现,从最初的应对(1999～2001 年)到应安迪·格鲁夫(董事长)和克雷格·贝瑞特(CEO)的强制要求,对 HR 部门进行了提升,变革的推进顺理成章,几乎没有遇到太大的阻力。英特尔在 HR 服务方面投入较大,以每年 41% 的速率增长。然而,取得的进展却微乎其微,所有的投入解决的都是特定问题,几乎没有措施能够解决问题的根本,也没有着眼于体现全局的战略。

鉴于外部环境对组织产生的巨大成本压力,以及英特尔拥有的数据和技术文化,格鲁夫和贝瑞特赞同我们回归根本。2001～2006 年,HR 部门集中精力解决提供服务的根本问题。在这 5 年间,HR 部门深思熟虑、目标明确地进行改革,并取得了巨大的进步。首先,英特尔创建了具备全球战略的单一 HR 服务组织,目标是提升正确的工作技能。然后,我们在所有 HR 职能部门中系统地开展工作,对 HR 的核心流程实施标准化和再造。我们的流程基于一体化的技术,可以全球统一归档,具有自动化功能和高质量的网络工具。此外,我们还外包了关键的 e-HR 工作,实施了正式供应商管理和项目管理流程。到 2006 年,英特尔的人力资源部门打下了坚实的基础。技术、流程以及为部门经理所用的管理工具精简高效,以至于一位员工这样说:"我于 2004 年入职英特尔的营销部,两年来,我从未需要与人力资源部门进行沟通!人员配备、薪酬、福利和绩效管理等流程运作顺利。如果有任何疑问,我知道可以自己通过在线求助或上司找到答案。"

回顾这几年来的进步,英特尔 HR 部门经历了巨大的积极变化,其广度及深度有目共睹。HR 部门的文化也发生了改变，我们现在是一个非常积极主动的组织，工作以数据为基础，大大提升了服务质量，缺陷率小于 2000DPM，降幅达 98%，内部员工满意度超过 90%。在此期间，尽管降低成本并不是我们工作的焦点所在，HR 部门也还是在降低成本方面取得了进展。对 HR 部门而言，从 2001 年到 2006 年年初，我们聚焦于提供世界一流的 HR 服务，旨在提供最佳质量的服务，实现了无可挑剔的客户满意度。

随着英特尔继续在新兴市场拓展业务，以及在发展中国家出售更多的产品，我们面临着日益加大的竞争压力。2006 年 1 月，当英特尔无法实现分析师和自身对收入和盈利设定的 2005 年的预期目标时，我们加入了雅虎和其他技术龙头企业的行列，股价跌幅超过了 15%。英特尔股价的下跌持续了整个 2006 年第一季度，领导团队知道企业必须快速启动增长模式。截至 2006 年 6 月，英特尔的股价与 2005 年 12 月时的峰值相比，已经下跌了 35%。当时的领导团队已经开始采取行动，英特尔宣布将推出一种新的产品——Xeon 处理器 5100，适用于网络服务器，同时，还宣布以 6 亿美元的价格将旗下制造手持设备处理器的业务出售给迈威尔科技，英特尔这一举措是英特尔大型重组计划的一部分。2006 年夏天，为了实现更低的成本结构、更高的敏捷度及高效率，经过几个月的大量数据分析后，领导团队已经为实施激进的变革计划做好了准备。

2006 年 9 月 5 日，英特尔宣布了一项重大的组织架构重组计划，包括裁减 10 500 个岗位。英特尔重组后，预计到 2008 年年底可实现每年节约成本和运营开支 30 亿美元。此外，英特尔希望通过更好地利用生产设备和空间，避免 10 亿美元的资本开支。可以说，此次成本节约既是劳动力大幅裁减，也是运营方面采取其他措施的成果。

自从英特尔那位高管在机场无意间遇到 HR 部门员工以来的 8 年间，我们 HR 部门取得了巨大的进步。企业对 HR 部门实现策略性结果的能力有了更多的信心，这使得 HR 部门从一个单纯高效的执行部门，转变为具有高度战略意义的组织，对英特尔而言有了更为重要的商业意义。

第二阶段：预期成果

在英特尔宣布重组之前，领导层开展了一系列的战略讨论，以决定英特尔未来发展所需要的关键组织能力。对于所有投资者来说，组织架构重组显而易见的成果是成本的降低以及收支平衡表的改善。尽管成本的降低在战略组成中不可或缺，然而英特尔意识到，在这个行业中，基于降低成本的战略对企业来说将是一场灾难。为了确保公司能够对所有利益相关者（投资者、客户、员工和社区）交付长期成果，我们回到了最根本的问题上。我们意识到，为了实现组织长远的发展，就必须按照摩尔定律交付产品和服务，以及确保组织有快速创新的能力。此外，从组织的创始人（两位创始人都是博士）到工程师、运营领导者和营销者，英特尔的团队天资聪慧，受教育程度较高。因此，我们需要继续提升公司吸引和留任人才的能力。最后，英特尔一直以来有着非常融洽的合作环境，因此我们决定还要聚焦于提高组织各部门的协作能力，并在此过程中要求员工具有更为积极的主动性。

除了出色地交付 HR 的策略型任务，如今的 HR 部门有了全新的职责——提升组织在快速创新、发展人才和积极协作三方面的能力。为此，HR 部门需要对其提供的服务降低成本，化繁为简，并开始培养 HR 专业人员的战略素质。

第三阶段：重新设计 HR

在采取任何措施之前，我们必须首先调整 HR 战略，以适应组织的发展战略。我们认为 HR 部门与企业的愿景和使命是一致的，所以我们按照新的情境调整了战略模型。与快速变化行业里所有的辅助职能部门一样，

HR 部门的战略调整受到多种因素的影响。在新的战略中，我们不仅要继续提供优质的 HR 服务，还要借此推进组织在快速创新、发展人才和积极协作三方面的能力。

HR 组织

有了新的战略，我们随即调整了 HR 组织结构并重新进行资源分配，以实现每次变革的既定目标。过去几年里，我们聚焦于 HR 组织架构本身，通过额外资源来提高独立部门之间的信息和知识的流动，进而提高数据管理和项目管理等基本的组织能力。所有这些资源和预算的增加都经过深思熟虑的规划和配置，让我们得以通过系统性措施填补管理能力的欠缺，以及业务和技术能力的空白。

现在，在新的商业背景下，从上而下的组织重组和战略措施推动了 HR 部门的转型战略。我们调整了 HR 部门的组织结构和资源分配，以实现预定目标。我们利用三分法结构，建立了新的 HR 组织，即战略设计小组、业务渠道团队和 HR 运营组织。

- 战略项目和设计小组负责设计使英特尔获得竞争优势的标志性项目。该小组主要关注于长期 HR 战略，以发展我们期望的组织能力，即人才、合作和创新，其方法主要是利用多元化、人才管理和获取，以及薪酬福利等方面的要素来实现。英特尔的战略设计小组与其他公司设立的"专家中心"类似，但是在机构运作里融入了组织一贯具有协作要素。为了在组织内部打造创新和协作能力，我们希望能围绕核心的 HR 实践来制定战略项目和设计小组的政策和措施。
- 业务渠道组织负责为公司的业务部门提供 HR 合作伙伴。该合作伙伴负责业务部门的组织发展、员工关系管理、战略业务合作、数据分析和项目开展，这是我们认为 HR 需要提升的关键技能领域。很多 HR 人员擅长策略执行、项目管理和项目执行，但他们在分析数据和咨询技能方面还存在差距。在很多情况下，我们只能招聘新人进入组织，来扮演业务合作伙伴的角色。

- 人力资源运营组织负责提供所有的人力资源服务，包括薪酬、福利、员工培训、人事安排、员工调动和出差等。这个小组要完成 HR 部门过去所做的大部分工作。鉴于公司当前面临的成本压力和近来不断聚焦的战略方向，我们不得不重新对需求和服务水平进行匹配，对众多系统进行标准合理化，化繁为简。最终，这个小组在每年降低 1 亿美元成本的同时为股东创造价值。虽然在 2006 年之前，公司已经做了很多工作，但是运营小组依然面临着艰巨的任务，他们不得不继续以接近 25 分位的成本为公司提供高品质的服务，以取得合理的客户满意度。

列出上述三大关键领域后，我们重新调整了项目、资源和任务，与组织进行合理匹配。此外，我们整合了 HR 部门和此前由英特尔各业务单元自行负责的培训资源；与此相对应的是，我们重置了财务部、IT 部和其他曾经与 HR 部门一样的职能部门，将其再分配到其所服务的业务部门中。鉴于外部极端的商业环境和高达 10 500 人的裁员情况，我们不得不大幅精简所有三个 HR 职能部门的资源，那些不具有战略意义或者对企业经营可有可无的工作被取消了。做出这些决策非常困难，但是为了防止事态恶化必须要做出选择。我们确立了目标，要求人力资源专家与英特尔所有员工的人数比例为 1∶55，这是一个足够精简的配置，能够让部门高效运转，同时又留有余地，以实现 HR 高品质的服务和维系与业务部门之间的合作关系。

HR 实践

正如上文指出的，HR 运营团队负责调整人力资源实践，以使用更少的资源提供服务，同时更多地聚焦于创新、人才和协作。与其他进行 HR 重构的组织不同的是，英特尔实际上对大部分人力资源实践所做的是下调服务质量的工作。过去数年间，通过越来越高的 HR 预算，我们发展了世界级 HR 实践。这些实践固然很好，却未必能让企业获得竞争优势。鉴于企业需要降低成本，同时在提升组织竞争优势的 HR 实践活动中投入更多的资源，我们发现 HR 必须在容忍更高的错误率的同时接受"内部客户满意度"的下降。2007 年和 2008 年的调查结果表明，员工和管理者对很多普通 HR 措施的满意度出现了意料之中的下降。

尽管如此，我们的 HR 运营小组还是在两个领域持续推动进步：聚焦于业务结果和优先事务；通过使用各项指标和仪表盘向业务管理者交付数据来去除官僚作风，增加透明度。例如，当招聘需求减少时，我们更多地强调工程师轮岗项目，这使得我们可以聚焦于招聘最优秀的人才。我们还着力于利用技术来推动全球协作（例如，我们与其他企业领导者合作创建了若干网真会议室）。人力资源部门同时还专注于提供服务，以支持产品的开发，其中包括四核处理器（Quad-Core）、GT200 显卡、RV770 芯片，甚至是以世界最小的晶体管组成，并使用了行业领先的英特尔 45 纳米 Hi-k 金属栅极技术制造的凌动处理器。英特尔凌动处理器是特意为简单、经济的上网本和上网电脑制作的。从本质上讲，尽管做出了很多艰难的决策，但我们高兴地看到，通过聚焦于推动创新、引进优秀人才，增进产品开发团队之间的协作能力，我们为外部客户创造了价值。

HR 人员

随着人力资源部门的转型，我们 HR 人员的能力和角色也在随之改变。2001~2006 年，我们努力提升 HR 运营能力，凸显了项目管理、流程设计、供应商关系管理、业务合作、全面质量管理、六西格玛、沟通、数据分析和汇报这些能力的重要性。如今，从策略层面到战略层面的转型使得面向业务的 HR 组织成为核心。我们启动了多项举措，旨在提升 HR 业务合作伙伴的工作水平，将 HR 管理从日常的以任务为导向转变成以战略为导向，为企业创造附加值，提升组织能力。我们将人力资源业务合作伙伴并入一个单一的岗位族群，其具有 HR 通才的能力，并聚焦于组织发展、员工关系、战略业务合作关系、数据分析以及项目落地。同时，我们还将 HR 提供的支持限制在每个业务集团最高领导层，我们还将地区资源进行重新配置，最终实现了整个集团内部 HR 的一体化。

我们经过仔细分析，明确当前的状态及其与理想状态的差距，精心安排变革。在诊断过程中，我们及时采取措施，安排好任务的优先级，开展能够尽快取得进展的变革以实现最佳效果。分析组织的现状后，我们按照功能一体化的路径图实施解决方案。在整个过程中，我们与利益相关者保持持续沟通。总之，伴随着每一次战略转型的浪潮，HR 人员的能力也随之改变。我们彻底评估了所有岗位角色，按照新的战略模式和预期增减岗位数量，界定职责。我们按照新的技能模型评估每一名员工。此外，我们还精心管理及实施了变革的过程。战略、组织变革和新的预期以及过渡计划沟通到了公司的各个层面，主要由 HR 副总裁、每个 HR 业务单元和每个 HR 组织通过公开论坛、全员会议、非正式的简短午餐会、微博、网络广播和电子邮件等方式进行宣传。

除了关注 HR 人员的能力外，我们还集中分析了 HR 团队成员的背景和工作经历，旨在平衡 HR 部门内部不同背景的员工。为了达成这一平衡，我们的 HR 人员中有 1/3 具有传统 HR 管理工作的背景，有 1/3 来自其他分析职能（包括运营、工程、财务、法律等），还有 1/3 来自公司外部（包括咨询师、人类学家和其他学者）。这样的安排有一个明显的优势，那就是每个成员都能把自己的人际网络融入 HR 职能中。我们在不同职能部门寻找 HR 人员时，还开发了种子运营招聘流程，从其他部门寻找业绩表现出色、具有高潜力的员工加入 HR 部门工作，然后鼓励他们将组织其他部门表现最好的"自己人"带入组织。这样一来，HR 部门的公信力大大增强。

改革的过程中不可避免地会遇到障碍。例如，有些 HR 人员的分析技能很难提高，同时，也不是所有的工程师都能胜任 HR 的工作。虽然如此，通过在选拔和培训等方面投入精力来解决这一问题，我们开始取得巨大的进展。

第四阶段：执行和责任归属

过去两年里，业务管理者支持了每一次 HR 转型，不断按照新的角色和职责评判资源的分配，甄选人才，做好任务优先级安排，还在其负责的组织内部进行沟通及管理变革。在开始转型的时候，我们确定了四个重点领域，与业务管理者做好协调工作：包括制定变革管理的规定，利益相关者管理流程、员工沟通工具及支持，以及确保转型期间的管理力度等。

当然，这一工作的开展也有令人顾虑和沮丧的问题。比如，有反馈指出规划和变革实施过程过长，导致变革并未立竿见影，而是长期持续的潜移默化。有些人认为 HR 战略转型对组织的健康有消极影响。然而，在看到变革对企业产生的积极影响时，具有战略眼光的 HR 领导者对此有着更加积极的反应，而 HR 部门及其人员的声誉也得到了提升。

最后，我们认为英特尔的 HR 转型非常成功，而且实现了预期的目标，包括高质量服务、高顾客满意度以及财务目标，与此同时还保持了一贯的高水准服务。此外，人力资源部门在帮助组织进行变革的同时，还成功地实现了 HR 的组织转型变革。

下一步

英特尔的 HR 战略转型已经进行了很长时间，未来也还任重道远。扎实的数据管理，强大的项目管理原则，确定和调整企业真正需要的工作能力和服务水准，取得 CEO 和其他关键高管的支持，这些都是帮助我们获得成功的最佳实践。随着公司的发展，我们打算继续集中精力解决降低成本与提升员工发展空间和工作敬业度的矛盾。HR 部门工作的重点是培养创新精神、吸引人才和跨部门协作的战略能力，我们认为 HR 部门能够继往开来，为企业创造更多的价值。

第12章

武田制药北美公司：在快速发展的子公司里创造能力[一]

背景

两个世纪以前，一家为本地商人和医生提供药品的小药店在日本大阪的道修町开张了，这就是如今日本最大的制药公司——武田药品工业株式会社（简称"武田"）的开端。多年以后的1998年，武田制药北美公司（TPNA），作为武田药品工业株式会社的全资子公司成立。

TPNA的创立旨在加速武田进入美国市场的全球扩展计划，最开始只有3名员工，现在已发展到超过5000人。TPNA以引进一种名为艾可拓（ACTOS®）的口服降糖药作为其成立和发展的基础。我们的使命简单而强大：致力于提供创新药品服务患者，用更好的医疗保健提升他们的生活品质。作为美国制药公司15强之一，对患者、员工、合作伙伴以及所属社区的承诺给予了我们目标——在过去成功的基础之上，继往开来。我们通过本案例呈现HR转型的独特视角，详尽展示了作为一家大型跨国公司的小型快速发展子公司，我们是如何进行HR转型的。

[一] 本案例作者是劳伦·本特尔（Laurene Bentel）和桑迪·米奇（Sandy Mitsch）。本案例故事的呈现是基于该公司2006~2007年的HR举措。2008年，TAP制药产品有限公司与TPNA合并，武田全球研究和开发中心形成了现在的公司。现在TPNA有了更大的员工基础和更多的产品组合。

第一阶段：商业环境

得力于艾可拓（ACTOS®）早期的成功，我们北美的业务在 1998～2005 年经历了史无前例的增长。然而，由于业务增长主要基于一种关键药品，而整个行业面临着全球化的竞争，企业必须开发创新产品，提出新的解决方案以应对日益增长的压力。TPNA 的领导团队草拟了一个战略，致力于从单一产品到多元化产品组合的快速推进。从 2005 年开始，TPNA 开始发布包括 Duetact® 和 ROZENEM® 在内的几种新药品。每一种药品的发布都需要大量资源，以及对市场细节的关注，以保持快节奏和市场份额的增长。同时，TPNA 领导者还面临其他制药公司在人才方面的竞争，这使得 TPNA 在吸引和保留顶级领导者方面的压力巨大。

如同任何一家初创企业一样，HR 职能的初始职责只是把基本事务做好。由于公司快速增长，员工人数在几年内从最初的数百人增长到数千人，于是薪酬及福利这类相对直接的事务性工作突然变成了关键性任务。例如，在同一个细分市场，TPNA 领导者要求我们 HR 在一个季度内雇用超过 500 个销售代表。到 2006 年 1 月，一个新的 HR 领导团队组建起来，并很快认为 HR 需要从传统的事务型组织转向战略性的业务导向型组织，以支持公司未来几年能够保持当前的增长率。

第二阶段：成果产出

基于客户需求以及来自业务领导者对交付价值日益增长的要求，HR 领导团队于 2006 年早期召开了一次场外会议（off-site meeting），重置 HR 战略。我们的目标是建立一个更少事务性驱动、更多业务导向的 HR 战略，以指导团队帮助业务领导者在下一个 5 年的增长中实现他们对人才和组织的需求。

为了与业务领导者保持高度一致，我们的团队认识到需要更多数据。

我们决定将战略的制定分两步走。首先，我们访谈了从前端业务部门到后端职能部门的高管和他们的管理团队，以收集战略认知、观点和客户需求等信息。然后，我们根据戴维·尤里奇和斯莫尔伍德在 2004 年《哈佛商业评论》上发表的那篇名为《能力资本化》（*Capitalizing on Capabilities*）的文章中的纲要，在组织中进行了一场组织能力审计。

- **人才**：在诸多组织能力中，我们通过访谈和审计识别出人才是 TPNA 成功最关键的能力之一。因为我们的目标是在一个非常具有企业家精神的环境中保持快速增长，所以我们需要有经验的人才，能够马上行动获得成功，还能高度容忍未知和变化的情况。我们的业务单元仍然相对较小，因此母公司允许我们拥有相当的灵活性——在保证实现目标的前提下。这为我们带来了积极进取的初创企业的心态，各职能部门的业务领导者得以依靠具有自我驱动力的员工，在不确定的环境中创造流程以及制定政策，以满足客户的需求。审计结果同时也揭示了公司对人才多样化技能和背景的需求，而这是我们目前还不具备的。团队相信，对于初露头角的业务，如果 HR 能够创造强大的人才能力，我们就能够解决业务增长中所遇到的其他瓶颈问题。

- **问责制**：第二种需要额外关注的组织能力是问责制。作为众多北美医药行业这个大池塘中的一条小鱼，我们需要建立一种坚实的、绩效驱动的文化以应对竞争。业务领导者都一致认同：要关注达成结果的责任，以及展示公司价值的责任，这能够帮助我们在激进的企业家文化与为了客户确保产品质量和安全之间达成平衡。考虑到 HR 一直以来为业务领导者提供的都是事务性的支持，我们认为将 HR 的绩效评价及决策制定实践优化到一个更高的标准，我们认为这是一件自然且重要的举措。归根结底，我们知道自己必须擅长创造以及执行标准，以此带来高绩效和高执行力，维持我们的高速增长模式。
- **创新**：制药公司的生存极大地依赖于确保企业不断研制出新药品及差异化药品。除了完成工作所需要的人才，以及确保工作正确开展的问责制，我们总结出，TPNA 成功的第三项关键组织能力是创新。发展强大的创新能力对于我们的研究和产品开发团队具有显而易见的意义。然而，我们也认识到，要想持续从更大的竞争对手手中夺得市场份额，还需要组织中的每一位员工都擅长提升现有流程并能在需要时开发跨职能的流程，以获得成功。

一旦找到了决定 TPNA 成功与否的关键业务成果，现在的任务就是创造一个能够交付人才、建立问责制和发展创新能力的 HR 职能。

第三阶段：重新设计 HR

2006 年，我们努力帮助 HR 专业人员更好地理解客户需求，并对现有的 HR 专业人员进行调整，以更好地适应客户需求。这些工作在 2007 年早期演变成了 HR 职能的全面转型。在我们完成访谈并确定三大目标组织能力（人才、问责制、创新）后，HR 团队和业务领导者在启动 HR 重塑阶段的动力都得到了极大的增强。我们决定，TPNA 的 HR 转型必须是一次完整的系统变革，不仅包括建立起与业务领导者更好的伙伴关系，还包括通过内部变革将 HR 部门与业务战略更好地保持一致。这种系统变革影响了核心 HR 愿景和流程，并转换成为新的 HR 战略。这一新战略通过交付组织能力来驱动业务增长。

HR 组织、实践和人员

考虑到 HR 组织的规模以及我们想要保持灵活性以适应组织的业务计划，我们的组织架构主要包括人才管理专家中心、用来处理 HR 操作性工作的员工体验组，以及 HRBP 小组，主要负责协助业务管理者和职能部门经理贯彻并执行战略。

专家中心：人才管理组

基于对发展人才能力的密切关注，我们将员工招聘选拔、培训以及绩效管理小组进行了整合，命名为人才管理组。这个小组的使命是管理员工从预备雇用、入职管理、入职培训到领导力发展及继任计划在内的职业生命周期。

业务领导者欣然接受了对于人才与日俱增的战略性关注，并且欢迎人才管理小组的领导者参与到业务计划制订的过程中。期间在评估每一职能的人力资本需求，讨论如何利用人才，以及在当前职责角色下如何最大化人才价值的过程中，由人才管理小组的领导者负责担任讨论的引导者。我们还罗列了战略性人才管理给组织带来的短期和长期的成本节约，并与那种快速填补空缺岗位却忽略了错误的雇用决定可能对业务带来影响的反应式方法进行比较。这些与业务领导者的初步互动获得了对方良好的反应，还得到了来自高层管理者对 HR 服务的额外需求。

同时，我们将胜任力与组织能力进行紧密关联，随之重新聚焦学习和发展项目，以致力于更好地匹配组织能力对胜任力的要求。最终结果是，有针对性地将人才发展方法与我们的绩效管理过程和结果直接相关联。在小组领导者的战略性视角指引下，人才管理小组找到了结合人事任用、培训和绩效管理团队之间的协同增效，并且成为连接员工职业生命周期所有关键点的协同小组。

HR 操作：员工体验组

我们创建的第二小组，是将沟通、组织效能、员工敬业度、员工福利小组整合为一个团队。其中一个重要的成果是建立了员工资源中心（ERC），为员工提供体验良好的高接触服务，以支持我们对人才的关注，同时提高交付模式的效率。

同时，之前被安排处理员工需求及同类基层事务的大量 HR 通才现在可以腾出时间去做更具战略意义的工作。ERC 变成了所有员工询问 HR 相关问题的第一连接点，这改变了整个组织中员工的思维方式。我们用战略性的沟通方式发布了 ERC 成立的消息，从而使员工迅速意识到应该到何处去获得常规问题的答案。如此替代了我们 HR 通才之前所做的大量工作，同时也提高了客户满意度。我们的运营小组不断努力，通过 HR 系统的支持及工资福利的流程处理，使 HR 基层事务工作更有效率。这个广义的员工体验小组通过提供数据（组织效能和员工敬业度）、服务（ERC）和信息（沟通）来提高全面的员工体验。

业务部门 HR：战略业务伙伴

在 HR 重组的重要阶段，拥有符合要求的综合技能的 HR 通才被重新定位以承担更多的战略性职责，他们的工作被重新定义为"HRBP"（HR 业务合作伙伴）。除了 HR 的专业知识，这些业务伙伴还需要拥有卓越的倾听和咨询技能，以及扎实的商业知识和金融背景。

集团 HR

在创建完 HR 业务合作伙伴、员工经验小组、人才管理小组的基础上，我们一致同意 TPNA 需要保持一个非常精简的 HR 领导团队。集团 HR 领导者在日本，我们的整个变革过程都需向其请示。集团 HR 领导者十分大度，给予了我们极大的灵活性，同时在变革阶段给予了我们极大的信任，这些都使得变革过程得以快速推进。

调整 HR 专业人员

随着我们从问题诊断进展到实施新的组织架构，一个必须回答的关键问题浮现出来：当前的 HR 领导者在多大程度上拥有扮演新角色所需的能力？在新的组织架构确定以后，我们的 HR 领导团队主持了一个十分紧张的会议，盘点了每一位 HR 专业人员的优势和发展机会。我们对各种假设做了谨慎的检查再检查，然后才宣布相关举措。我们还帮助许多员工重新学习新的技能，同时从外部组织引进新的人才，并且帮助一些员工进行内部或外部转型，因为他们的技能组合与我们新定义的组织需求不匹配。最终结果是形成了一个 HR 人才被视为共享资源的组织，诚信正直和公开透明成为组织的常态。

第四阶段：问责制与持续沟通

在变革过程中，尤其是当变革直接影响到个人工作的时候，让每个人都了解情况是我们 HR 转型过程中的一项基本原则。在整个变革过程中，让利益相关者保持参与其中的方法之一就是：在最开始进行高管访谈，中途定期召开常规的利益相关者会议来汇报我们的工作和下一步的打算，以及对岗位和职责的预期。此外，整个转型过程中我们得到了来自 RBL 集团外部咨询顾问的指导。转型过程的每一步，除了获得乔恩·扬格和其他顾问的教练辅导以外，我们还利用了乔恩·扬格的专业知识，通过提供最佳实践的对标以及在 HR 角色变革方面的最新研究，来增加领导团队和外部利益相关者对我们的信任。

下一步

自从完成了第一轮的 HR 转型后，我们的业务持续发展，期间发生了一次意义重大的合并、多次收购，以及全球企业组织架构的调整。基于我们不断寻找方法来支持瞬息万变的业务以及将 HR 部门运转得更为有效的努力，其结果是 HR 得以持续发展。回顾过去，对于人才的关注被证明是我们工作中最有意义的环节，并对我们的成功以及企业持续获得的能力都有极大的贡献。组织在确保问责制和激发创新的能力方面也获得了提升。同时，尽管已经实现了许多期望的结果，抱着持续改善的理念，我们仍然在不断重新进行自我评估，并期盼未来更多的增长和持续的转型。